陈雪堂◎著

Research on Limited Liability Company Articles of Association Restricting Equity Transfer

有限责任公司章程限制股权转让研究

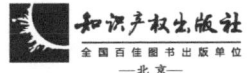

图书在版编目（CIP）数据

有限责任公司章程限制股权转让研究 / 陈雪堂著. —北京：知识产权出版社，2022.8

ISBN 978-7-5130-8281-5

Ⅰ.①有… Ⅱ.①陈… Ⅲ.①股份有限公司—股权转让—公司法—研究—中国 Ⅳ.①D922.291.914

中国版本图书馆 CIP 数据核字（2022）第 146915 号

责任编辑：张琪惠　　　　　　　责任校对：谷　洋
封面设计：张国仓　　　　　　　责任印制：孙婷婷

有限责任公司章程限制股权转让研究

陈雪堂　著

出版发行：	知识产权出版社有限责任公司	网　　址：	http://www.ipph.cn
社　　址：	北京市海淀区气象路 50 号院	邮　　编：	100081
责编电话：	010-82000860 转 8782	责编邮箱：	963810650@qq.com
发行电话：	010-82000860 转 8101/8102	发行传真：	010-82000893/82005070/82000270
印　　刷：	北京建宏印刷有限公司	经　　销：	新华书店、各大网上书店及相关专业书店
开　　本：	880mm×1230mm　1/32	印　　张：	5.125
版　　次：	2022 年 8 月第 1 版	印　　次：	2022 年 8 月第 1 次印刷
字　　数：	108 千字	定　　价：	68.00 元
ISBN 978-7-5130-8281-5			

出版权专有　　侵权必究

如有印装质量问题，本社负责调换。

序

在人类文明的历史长河中,经济发展使得企业组织形式不断变化。现代企业制度的成功典范是公司。公司法是调整公司法律关系的重要根据。《中华人民共和国公司法》(以下简称《公司法》)自1994年7月1日起施行以来,已经过多次修订。为适应不断发展和变化的时代要求,正确适用《公司法》,为人民法院审判实践服务,《最高人民法院关于适用〈中华人民共和国公司法〉若干问题的规定(五)》也已经出台了。

笔者认为,有限责任公司章程限制股权转让是个非常有意义的选题。《公司法》第71条第4款允许公司章程在法定限制条件的前提下,进一步对股权转让进行限制。这更有利于保障限制股权转让中的公司的人合性,维护公司内部的长久关系,保护股东之间的信赖关系,从而有助于公司的稳定经营和进一步的发展。

对于股权限制转让,章程约定优先于法律规定,这意味着即使法律规定本身是强制性效力性规定,章程约定仍可排除该强制性规定的适用。公司章程限制股权转让条款效力如何,应当从合法性与合理性两方面判断。合法性主要观察是否违反《公司法》第71条以外的强制性规定。合理性则需要结合是否体现股东个人意愿,是否符合股权平等原则,是否为不能转让提供了其他退出渠道,是否不损害股东核心权益,以及公司和其他股东特别是大股东是否因其他股东的退出获得了不当利益等进行综合考量。

股权限制转让属于对股东权利的限制。权利的限制应当由当事人自愿接受,而不是通过非法剥夺来达到此效果。股权转让应当遵循公司自治规范,还应兼顾股东的意思自治。应当对《公司法》第71条第4款中的章程作限缩解释,即限于初始章程,而不包括修改后的章程。

公司章程同时具有契约性与自治性二元性质。契约说注重每个股东的自由意志,而自治法说一贯原则并非要求必须符合每个股东的自由意志。因此,在讨论公司章程性质的时候应当对公司章程是否真正地尊重每个股东的个人意志进行类型化具体分析。限制股权转让实际上是为了公司利益限制个人利益,是对股东自由意志的限制,公司章程在这方面应当符合程序上的正当性。将股权仅仅认定为一种财产权利,实际上未能体现股权应当包括的全部权利内容。

股权是独立的权利,兼具财产属性和人身属性。股权中的人身属性在有限责任公司中表现得更为突出,其涉及股东与其他股东、股东与公司之间的信赖关系和利益关系。在"同等条件"下,基于股东优先购买权法律制度而成立的股权转让合同具有法律效力。股东的优先购买权虽然是一种形成权,但其只因股东的意思使股东之间的股权转让合同成立并生效,使股东之间的股权转让关系成立,并不使股东与第三人之间的股权转让合同无效,使两者之间的买卖合同关系消灭。应当将股权的变动和股权转让合同的效力区分开来。

限制股权转让的公司章程条款应当对公司所有内部人员产生拘束力。限制股权转让的公司章程条款在有效的程序下通过后,即使部分股东不同意,保留其意见,该条款在内部仍然有效力,只是该条款不能约束保留意见的股东。

为了保障公司在股权转让中发挥作用,股东转让股权的股权变动意思主义已然无生存之地。而修正意思主义模式(意思主义+公司受通知与认可程序)更有利于公司的介入,保障有限责任公司的人合性,维持股东之间的信赖关系,从而维护公司利益。是否查询公司章程限制股权转让条款并不会影响股权转让合同的效力。有所影响的是,第三人获得股权的期望是否能够顺利实现,以及转让人违约责任承担的轻重。公司章程的对外效力实际上是通过对内效力来实现的。

股权转让属于权利义务概括转让,其类推适用合同义务转让规则,需要义务主体公司同意才发生股权变动的效果。这实际上与"意思主义+公司受通知与认可程序"的股权变动模式相同。在违约责任承担上,股权转让人因第三人恶意应当减轻责任。换言之,第三人的主观状态只影响违约责任的轻重。

本书分为四章,各章主要内容如下:

第一章对有限责任公司章程限制股权转让的合理性进行分析。公司章程是维持公司治理自主性、保障公司运营的重要依据。在公司利益、股东利益与公司之外第三人的利益之间，公司章程对股权转让的明确限制性规定维护了社会经济秩序，也维护了公司和股东的利益。《公司法》第71条公司章程限制股权转让条款给予股东意思自治，将公司的人合性和资合性统一为公司的信用基础。

第二章是对《公司法》第71条第4款有关的问题进行阐释。分析公司法与公司章程的关系：效力性强制性规定公司章程不得排除——法律允许公司章程有一定自由的选择权利——公司章程可以排除公司法强制性规定、任由股东意志决定，合理性把握法律介入公司的程度，给予公司章程及股东自治的合理空间，凡涉及公司内部治理结构的，在公司内部手段没有穷尽之前，法律谨慎干预。当涉及公司外部第三人或者社会责任、公共秩序的，则由法律强制性规定，公司章程不得与之冲突。

第三章是分析公司章程限制股权转让的相关制度。研究公司章程的性质，不仅有学理意义，还有司法实践意义。

契约说由契约自由理论演变而来，公司章程契约性理论来源于公司合同理论。公司章程不是一般的合同契约，它是股东与股东之间、股东与公司之间相互的契约关系。初始章程是全体股东共同意志的体现，而修改后的公司章程多数通过表决权决定修改条款，不是合同法意义上的契约关系。

自治法说理论认为，公司章程是股东意思自治的最高"宪章"。公司重大事项通过公司章程规定的股东召集程序、表决方式、表决权比例来决定。公司章程是公司内部的规范性"法律"文件。股权是股东对公司出资后固有的权利。

关于股权的性质,学者有不同看法。股权具有财产权利性质,能够带来具有更多价值的财产性的权利,同时股权也是具有人身属性的权利。在公司的经济生活中,股东享有的权利有些是由公司章程规定的,有些是由《公司法》强制性规范规定的,公司章程不能排除。

因此在研究公司章程限制股权转让的时候,一定要研究股权的性质。公司章程限制股权转让中的"同意"以及股东优先购买权是公司章程的重要部分,也是裁判股权转让纠纷的重要依据。

第四章论述公司章程限制股权转让的效力。股权具有流动性。股权转让是股东退出公司的有效机制。公司章程分为原始章程和修改后的章程。原始章程是股东设立公司时全体股东共同意志的体现;修改后的章程多采取"多数决"的表决方式通过。即便有些股东对修改后的公司章程保留意见,但股权转让也应当依据有关的公司章程规定进行。

股东转让股权,公司一定参与其中,例如出具股东证明、变更股东名册、协助工商登记等。当股权对外转让时,学者有不同观点。股权变动有形式主义和意思主义等多种学说,均有不足之处。股权变动应当采取修正意思主义模式。

时光荏苒,我已从中国人民大学毕业五年了。我格外珍惜那段学习时光。在我心中始终有一个愿望,那就是把我于2017年在职学习期间的硕士论文调整、充实、完善后变成一本书籍，算是对自己学习历程的一个永久纪念。但又恐自己才疏学浅，被人笑话，始终不敢动笔，拖延至今。每每想到这些，心中颇感遗憾。

在中国人民大学在职学习的那段时光虽然短暂，但给我的影响却是深远的。其间的情景历历在目，仿佛就在昨天。美丽的校园、方便的学生餐厅；内容丰富的各种法学知名教授讲座，都想听却有时会因时间冲突而感到可惜；给我们授课的老师大都是法学前沿的著名学者，学风严谨、教风踏实，坐在教室里一整天一整天地听课也不觉得劳累，老师的学问才华吸引我，激励我在法学的道路上不断前进；教辅老师亲切和蔼，对待工作一丝不苟，兢兢业业；朝气蓬勃的校园氛围，促人奋进，在学习的道路上与志趣相投的同路人相伴而行，人生是多么的幸福和有意义！早晨飞机着陆，拖着旅行箱狂奔到教室，大概是我这辈子追逐梦想的最好记忆。

如果有来生，18岁的青春，坐在中国人民大学宽敞明亮的教室里心情舒畅地学习将是我最美好的愿望！今天鼓起勇气整理稿件，重新在公司法的理论与实践中徜徉，每一次的学习、研究经历，我都有所收获、有所进步，感谢人大！感谢指导老师高圣平教授！

感谢北大法宝和裁判文书网提供丰富的法律法规、经典案例；感谢案件裁判法官及法官助理等人的经典分析；感谢写作本书参考文献的各位前辈、学者、同人，是您的观点、论证启发了我，帮助我在研究公司法的道路上前行。感谢相识多年的好友李丙强老师，一直在工作和学业上鼓

序

励、帮助我；感谢知识产权出版社庞从容编辑，为实现我的愿望，辛苦审阅书稿，提出宝贵意见，在校对内容、排版设计等各项繁杂工作中付出辛勤的劳动，以及为了本书出版作出贡献的不知名字的各位老师们，在此一并表示深深谢意！由于我的理论知识和实践水平有限，不可避免地出现疏漏甚至是错误，敬请各位读者不吝赐教！

陈雪堂
2022 年 1 月 1 日

目 录

引 言 / 001

第一章 有限责任公司章程限制股权转让的合理性分析 / 003

一、维持公司治理的自主性 / 003

二、维持有限责任公司的人合性 / 006

第二章 有限责任公司章程限制股权转让的条文解释 / 028

一、从《公司法》对公司章程的强制程度分析 / 028

二、从公司章程本身分析 / 035

三、《公司法》第71条第4款的解释 / 045

四、小 结 / 051

第三章 有限责任公司章程限制股权转让的相关制度分析 / 070

　　一、公司章程的性质 / 070

　　二、股权的性质 / 077

　　三、同意的限制 / 082

　　四、优先购买权的效力分析 / 082

　　五、小　结 / 089

第四章 公司章程限制股权转让的效力 / 108

　　一、对内效力 / 108

　　二、对外效力 / 111

　　三、违反公司章程限制股权转让条款的法律后果 / 114

　　四、小　结 / 119

结　论 / 138

参考文献 / 143

致　谢 / 151

引 言

随着经济快速发展,股权转让的情形经常发生。股权转让也是股东退出公司的有效途径。我国《公司法》自1993年制定并实施以来,虽然历经多次修改,并相继出台多个司法解释,但涉及公司章程中约定股权转让的有关问题诸如条件、程序、股东优先购买权及其对内、对外效力等问题,在实践操作当中经常出现认识和理解上的偏差,导致同案不同判的后果。因此,逐步提升公司章程的法律地位、更加尊重股东意思自治的要求,承认公司章程是公司运营的重要法律依据,实有必要。

公司法由强制性规范占居多逐渐向任意性规范占居多过渡,商事主体"扩大自治空间"的自由度也越来越高,公司法变得越来越尊重股东意思自治,维护有限责任公司人合性的立法本意在司法实践中越来越明显。公司章程作为公司设立的重要规章,其法律地位不断提高,公司股东也逐渐认识到公司章程规定的股东权利在实体意义上的重要性,比以往更加关注公司章程设计权利和义务条款的细节,不再把公司章程当作程序意义上的流于形式的文件。公司章程作为公司、股东及公司其他成员(董、监、高)权利、义务的规范性依据,有时会成为股权转让、股东优先购买权、公司章程之诉胜败的关键法律依据。公司章程中有关限制股权转让的法律问题成为公司经济生活当中不可忽视的重要一部分。

2013年修正后的《公司法》在第71条中对股权转让问题作出规定,"公司章程对股权转让另有规定的,从其规定",这在理论界和实务界引起广泛讨论。尽管《公司法》第71条第2款、第3款的规定有一定的示范作用,但在实际当中,公司章程如何具体限制股权转让的内容和期限,以及限制的合理性程度及效力未有标准性范例,有关股权转让的实务问题仍然会给理论界和实务界留下法理争论及司法操作上的困惑。因此,有必要对公司章程和股权转让以及公司章程中限制股权转让的相关问题做进一步研究,一方面有利于维护社会经济的稳定发展,另一方面可以有效保护公司、股东、债权人的合法利益不受损失,同时更有利于法院统一裁判规则,从而做到处理案件有法可依。公司章程的科学制定,提高公司章程的法律地位,对弥补公司法关于股权转让法律规定的不足之处具有重要的理论和实践意义。

第一章 有限责任公司章程限制股权转让的合理性分析

公司章程限制股权转让主要考虑三方面因素，一是根据公司设立、运营的特征，必须维持公司的人合性；二是由于公司具有封闭性特征，导致缺乏一个公开交易市场；三是为稳固现有股东地位，必须对未来可能加入的股东进行必要的限制。[1]因此，法律基于这种需求设置了相应的限制股权转让制度，同时赋予公司章程在这方面的意思自治。故拟先就法律赋予公司章程对有限责任公司股权转让进行限制的相关问题进行分析。

一、维持公司治理的自主性

（一）公司章程的"灵魂"地位

公司章程是维持公司正常运作，实现公司自主治理的重要依据。公司章程是设立公司进行工商登记的必备要件，也是股东合作创业的共同约定。一般情况下，工商部门提供的公司章程是符合公司法一般规定的模板，普通公司只需按照公司实际情况填写即可，但是对公司未来经营前景

---

[1] 参见陈彦晶：《有限责任公司股权转让限制制度研究》，法律出版社2017年版，第24—30页。

以及利润分配、公司议事规则等重大事项应按照公司内部规则处理，以期减少纠纷，股东人数与资本的博弈达成平衡的公司章程，其形成过程是艰辛而复杂的，如此形成的公司章程才是真正意义上的股东共同意志的体现。无论是根据契约说还是自治法说，公司章程都有一个共同的特点，就是股东意思自治和内部合意。公司章程是股东、董事、经理等人员参与公司运作的重要依据，同时也是公司独立活动于市场经济中的基本维系依据，其一定程度上代表着公司的自主经营治理。公司章程设计公司内部权力等级，通过权力等级来提高公司的效率、节约成本，实现公司的营利目标。与法律中的强制性规定相比，公司章程更具有灵活性和自主性，从而能够适应市场的瞬息万变，尽可能保障公司的营利。在法律不能（实际上也做不到的情况下）对公司治理事项作出完全的指引时，公司章程成为市场经济活动中公司需要遵循的重要准则。

（二）公司章程的灵活表现

公司章程限制股权转让正是维持公司治理自主性的重要表现。除法律规定的限制股权对外转让外，还存在夫妻一方持股作为共同财产因离婚而进行分割、公司高级管理人员持有股份数额的限制、股权赠与、股权继承、职工持股发生变动等具有类似股权对内转让或对外转让效果的情况。对于这些情况法律往往无法作出全面规定。在法律不能或者缺少规定的情况下，又需要赋予公司适应市场经济以及社会发展状况的能力，一个有效的举措就是让公司通过公司章程对这些问题作出相应的决策。比如，具有特殊意义的家族企业，其在处理股权转让问题上，必然要作出不同于一般有限责任公司的更严格的限制。此外，维持公司自理自主性在一定程度上依赖于保持良好的公司内部关系。在《公司法》强制性规范未予明确的情况下，公司章程能够引领公司走出困境、修复已出现裂痕的股东关系。"企业作为一种社会制度，它在一定程度上鼓励建立忠诚和信任关系，这在市场上是做不到的。"[1]股权转让涉及公司内部结构变动，在整个股权转让过程中，公司经营、人事管理都会受到一定程度的影响，从而影响公司的自治环境与市场竞争力。例如，创设公司特别是科技含量较高的高新技术公司时，股东之间考虑合作股东的个人品德、合作能力、信用程度等有时胜过资金因素，建立在股东相互信任基础上的有限责任公司，其在股权转让上作出特殊的限制，目的是维护公司稳定、保守公司秘密、维持公司治理结构的平衡，从而保障公司正常运转。

（三）公司章程的价值取向

公司章程使有限责任公司在股权转让的价值冲突中采取自己的价值选择或价值平衡策略，保护公司利益。有限责任公司股权转让中的主要利益冲突表现为公司利益（股东之间的信赖关系、公司的稳定性）、股东利益（自由处置股权）和公司之外第三人利益（受让股权）三者之间的抗

---

[1] [英]G. M. 霍奇逊：《现代制度主义经济学宣言》，向以斌等译校，北京大学出版社1993年版，第251页。

衡。股权对外转让时情形更为复杂，出让股东的利益与受让人的利益一定程度上是结合在一起的。公司欲维护其利益，就有必要维护股东结构的稳定性，防止股权受让人对股东之间信赖关系的冲击。《公司法》第71条[1]第4款规定，在股权转让上公司章程优先于该条前3款，这实际上赋予公司在股权转让问题上创造准据法的权利。发生股权转让纠纷时，公司章程具有优先于《公司法》的准据法效力。然而，有限责任公司完全可以在公司章程中设置更严格的股权转让条件和限制，选择保护公司利益和大部分股东的利益，而不保护股东的股权自由转让利益；可以设置宽松的股权转让条件来选择保护股东自由转让股权的权利而放弃公司利益；可以设置有利于平衡双方利益的规则，来达到共赢效果，比如只允许内部转让股权。

以上说明，允许通过公司章程来限制股权转让，实际上是保障有限责任公司在市场经济活动中的自主性，使其能够根据市场情况来作出价值取向的选择或者价值利益的平衡。

二、维持有限责任公司的人合性

与公众性质的股份有限责任公司相比，有限责任公司

---

[1]《公司法》第71条规定："有限责任公司的股东之间可以相互转让其全部或者部分股权。股东向股东以外的人转让股权，应当经其他股东过半数同意。股东应就其股权转让事项书面通知其他股东征求同意，其他股东自接到书面通知之日起满三十日未答复的，视为同意转让。其他股东半数以上不同意转让的，不同意的股东应当购买该转让的股权；不购买的，视为同意转让。经股东同意转让的股权，在同等条件下，其他股东有优先购买权。两个以上股东主张行使优先购买权的，协商确定各自的购买比例；协商不成的，按照转让时各自的出资比例行使优先购买权。公司章程对股权转让另有规定的，从其规定。"

第一章　有限责任公司章程限制股权转让的合理性分析

"兼具资合性质和人合性质,资金的联合和股东的信任是有限责任公司两个不可或缺的信用基础"[1],人合性突出。人合表现为"股东之间具有强烈的人身依赖关系,第三人甚至会根据股东的个人信誉状况判定公司整体的信用"[2]。有限责任公司从设立至终止,一直都体现出资合性,但这种资合性却始终受到人合性的影响。具体而言:

(一)法律规定的体现

人合性的特点体现在法律规定之中。《公司法》第24条规定,有限责任公司的股东人数不能多于50人,对其公司规模和人数的限制,使公司股东的人合性更为突出。一般来说,有限责任公司的股东大多是相互比较"熟悉、了解"的,他们为了使投资利益最大化而组织在一起"创业经营",股东之间互相比较了解对方的资金实力、人品信用、个人能力等真实详情,"非亲即故"是有限责任公司股东的一大特点。

(二)内部治理的体现

公司的内部经营管理突出体现在人合性之中。由于人数受限,公司一般具有中、小型规模,法律授予公司股东资产利益请求权,公司股东同时对公司重大决策享有参与的权利和任免管理者的权利,这样的身份是所有者和经营者共成一体的混同股东身份。

---

[1] 江平主编:《新编公司法教程》(第二版),法律出版社2003年版,第126—127页。

[2] 周友苏:《新公司法论》,法律出版社2006年版,第27页。

(三)有限责任公司本身特点的体现

有限责任公司的封闭性特点体现了人合性。只有股东之间亲密无间和谐友善的关系才能更好地让公司存续下去。有限责任公司的封闭性决定了有限责任公司的出资额只能根据《公司法》第23条[1]的规定,由公司全体股东认缴,而不能向社会公开募集;同样,有限责任公司的内部财务信息也有别于股份有限公司,没有必要向社会公开,有关公司经营的基本情况和信息也不必向社会披露。"有限责任公司带有较强的封闭性,股权外部转让必然改变公司成员的内部关系,必然影响其他股东在公司中的地位,必然影响公司的股权结构和性质。"[2]股权转让尤其是对外转让必然对公司内部股权结构带来冲击,甚至引发公司治理问题。因此,一定程度上的封闭性特征决定了有限责任公司的人合性,即依赖于对影响股权结构、破坏公司人合性的股权转让行为给予限制。

《公司法》第71条分别规定股权对内转让与对外转让的不同条件,其一定程度上也是为了维持有限责任公司的人合性。对于对内转让的股权,其没有超出有限责任公司人合性的范围,法律没有设置特别的限制性规定,程序较为简单:由出让股东和受让股东签订股权转让协议,由公司、出让股东、受让股东三方共同变更工商登记。

---

[1]《公司法》第23条规定:"设立有限责任公司,应当具备下列条件:(一)股东符合法定人数;(二)有符合公司章程规定的全体股东认缴的出资额;(三)股东共同制定公司章程;(四)有公司名称,建立符合有限责任公司要求的组织机构;(五)有公司住所。"

[2] 叶林:《公司在股权转让中的法律地位》,载《当代法学》2013年第2期。

第一章 有限责任公司章程限制股权转让的合理性分析

与内部转让相比，有限责任公司股权的外部转让往往会打破既有股东之间的信赖关系，一定程度上损害公司的人合性特点。因此，《公司法》第71条第2、第3款对股权外部转让规定了相应的限制条件，以老股东的同意权、优先购买权来限制股权向外转让。其中，最能够体现公司人合性的是公司章程限制股权转让的股东优先购买权制度。

关于优先购买权，有必要简要介绍。在我国法律中，优先购买权的规定主要体现在租赁合同中。买卖不破租赁，虽然买卖关系存在，但是租赁关系具有优先性；当房屋所有权人出售房屋时，承租人具有优先购买的权利。《民法典》第726条第1款规定："出租人出卖租赁房屋的，应当在出卖之前的合理期限内通知承租人，承租人享有以同等条件优先购买的权利；但是，房屋按份共有人行使优先购买权或者出租人将房屋出卖给近亲属的除外。"第2款规定："出租人履行通知义务后，承租人在十五日内未明确表示购买的，视为承租人放弃优先购买权。"这条源于《合同法》第230条和《最高人民法院关于审理城镇房屋租赁合同纠纷案件具体应用法律若干问题的解释》第24条的规定。优先购买权起源于罗马法中的租佃关系规则。在房屋买卖中，出租人将房屋出卖给第三人时，承租人应当在合理期限内得到通知，并且享有以同等条件优先购买的权利。房屋租赁合同中承租人的优先购买权归根结底是债权性质上的优先购买权。除了在房屋买卖中存在优先购买权，在公司股东的股权转让中也涉及优先购买权。此外，还有共有人对共有物的优先购买权以及知识产权法中的优先购买权,其中,共有人对共有物的优先购买权是物权性质上的优先购买权,区别于债权性质上的优先购买权。

对优先购买权简要介绍后,仍应回到关于股权转让的讨论上来。设立股东优先购买权是公司股东退出公司的有效路径。《公司法》第71条第3款规定股东优先购买权的出发点是维护公司的人合性。股东投资固然为了各自获得资产收益,但是和谐共赢的基础是人合性。发生股权转让的原因很多很复杂,或是出现公司僵局,或是原股东死亡发生继承,或是股东重新选择投资,以更有利于自身发展。当公司内部股东与公司外部第三人同时要求购买转让之股权时,法律需要给出一个先后位次的顺序。规定优先购买权的目的是发挥人合性作用,免于因未有效限制而使不受欢迎的人成为公司股东,公司原有股东之间的信赖关系(即人合性)遭受不必要的减损。如此看来,优先购买权似乎并非股东固有的权利,而是法律为保障有限责任公司人合性而特别设计的相关保护措施和手段。

法律维护有限责任公司人合性的制度设计在《最高人民法院关于适用〈中华人民共和国公司法〉若干问题的规定(四)(征求意见稿)》[1][以下简称《公司法司法解释(四)(征求意见稿)》]中也有所体现。《公司法司法解释(四)(征求意见稿)》第23条[2]规定,公司内部转让股权,

---

[1] 写作本书之初,《最高人民法院关于适用〈中华人民共和国公司法〉若干问题的规定(四)》(2020修正)还没有正式实施,仅为征求意见稿。

[2] 《公司法司法解释(四)(征求意见稿)》第23条规定:"有限责任公司的股东之间相互转让其全部或者部分股权,其他股东主张优先购买的,不予支持,但公司章程另有规定的除外。"

第一章 有限责任公司章程限制股权转让的合理性分析

其他股东无优先购买权。这进一步明确了股权对内转让与对外转让在股东优先购买权上的差异,其背后法理表现为股权对内转让并不会出现减损有限责任公司人合性指数的情况。此外,《公司法司法解释(四)(征求意见稿)》第27条[1]也列举规定,损害同等条件下股东优先购买权的合同无效,而其实质也是为了防止有限责任公司的人合性遭受不法行为的损害。2017年9月1日,《最高人民法院关于适用〈中华人民共和国公司法〉若干问题的规定(四)》(以下简称《公司法司法解释(四)》正式出台,对公司股东股权转让的相关程序和实体问题作出更细化的规定,这样做的益处是有利于统一适用公司法、裁判标准做到一致、妥善处理公司治理和股东权利纠纷、健全公司治理,加强股东权利保护,对于法官和律师而言,该司法解释的操作性更强。

《公司法司法解释(四)》第19条对公司章程的地位予以提高,即有限责任公司的股东主张优先购买转让股权的,应当在收到通知后,在公司章程规定的行使期间内提出购买请求。公司章程没有规定行使期间或者规定不明确的,

---

[1]《公司法司法解释(四)(征求意见稿)》第27条规定:"有限责任公司的股东向股东以外的人转让股权,有下列损害其他股东优先购买权的情形之一,其他股东请求确认转让合同无效的,应予支持:(一)未履行公司法和司法解释规定的程序订立股权转让合同;(二)其他股东放弃优先购买权后,股东采取减少转让价款等方式实质改变公司法和司法解释规定的同等条件向股东以外的人转让股权;(三)股东与股东以外的人恶意串通,采取虚报高价等方式违反公司法和司法解释规定的同等条件,导致其他股东放弃优先购买权,但是双方的实际交易条件低于书面通知的条件。转让合同被认定无效后,其他股东同时请求按照实际交易条件购买该股权的,应予支持。受让人交易时善意无过失,请求股东承担赔偿责任的,应予支持。"

以通知确定的期间为准,通知确定的期间短于 30 日或者未明确行使期间的,行使期间为 30 日。从该规定来看,未来公司设立时,出于未雨绸缪的目的,也必须明确规定优先购买权的行使期限,避免出现纠纷,这是关于公司章程发展的又一个进步,是法律对公司章程自治性高度重视的体现。公司章程自治性在该司法解释第 20 条中再次出现,即有限责任公司的转让股东,在其他股东主张优先购买后又不同意转让股权的,对其他股东优先购买的主张,人民法院不予支持,但公司章程另有规定或者全体股东另有约定的除外。其他股东主张转让股东赔偿其损失合理的,人民法院应当予以支持。

公司章程自治性体现在股权转让、优先购买及产生损失如何追究等问题上,公司章程的限制性规定再次凸显它的自治性特点,即有限责任公司的股东向股东以外的人转让股权,未就其股权转让事项征求其他股东意见,或者以欺诈、恶意串通等手段,损害其他股东优先购买权,其他股东主张按照同等条件购买该转让股权的,人民法院应当予以支持,但其他股东自知道或者应当知道行使优先购买权的同等条件之日起 30 日内没有主张,或者自股权变更登记之日起超过 1 年的除外。前款规定的其他股东仅提出确认股权转让合同及股权变动效力等请求,未同时主张按照同等条件购买转让股权的,人民法院不予支持,但其他股东非因自身原因导致无法行使优先购买权,请求损害赔偿的除外。股东以外的股权受让人,因股东行使优先购买权而不能实现合同目的的,可以依法请求转让股东承担相应

第一章　有限责任公司章程限制股权转让的合理性分析

民事责任。

《公司法》第71条第4款的规定，为公司章程条款制定留有一定自由空间。这样公司可以在第71条第2、第3款限制股权转让的基础上再进一步地限制股权转让，从而进一步维持有限责任公司的人合性，保持公司股东之间的长久关系。对公司内部股权转让进行限制，也有助于维持人合性，"有利于股东维持或者改变该特殊关系"[1]，且一般不存在损害其他利益的问题。一般允许股权内部转让也可能会损害股东之间和谐信赖的关系。比如，公司股东转让股权有两位其他股东均要求受让，这种情况比股权全部转让于其中一位股东要复杂。如果不按均分的方式转让，势必引起受让股东的不满，原有股权结构可能发生改变，形成新的股东控制权，按照合同意思自治原则没有不妥，但是这种个人意思自治存在于商事公司，不予理睬的话，于公司人合性不利。[2]因此，公司章程限制股权内部转让时，可以考虑约定按照比例或者按照均分的方式受让。

在股权对外转让上，公司章程可以规定更严格的限制来保护长久稳定的原有股东关系。此外，"明确规定公司章程有权作出特别限制，有助于维持有限责任公司的封闭性，有效排除第三方的恶意收购"[3]。通常来说，有限责任公司通常为中、小型企业，其在市场中的竞争力要弱于大型企

---

[1] 刘康复：《论有限责任公司章程对股权转让的限制》，载《湖南社会科学》2009年第4期。

[2] 唐德华、高圣平主编：《公司法及配套规定新释新解》（上），人民法院出版社2005年版，第89页。

[3] 叶林：《公司在股权转让中的法律地位》，载《当代法学》2013年第2期。

业。防止恶意收购的第三人加入股东团体,操纵公司决议和公司章程从而控制公司,就有必要限制股权的对外转让,防止不良竞争者有机可乘。这样也能够满足有限责任公司股东的合理预期。"在封闭公司中,股东通常具有保持封闭公司人合性和封闭性、保持公司权力平衡以及在特殊情况下容易变现股权的合理预期。"[1]

综上,《公司法》第71条允许公司章程在法定条件基础上对股权转让进行限制,同时还可以在约定的限制条件基础上对公司股东转让股权进行限制,这更有利于保障公司的人合性,维护公司内部关系,保护股东之间的信赖利益,从而有助于公司的稳定经营、营利。

---

[1] 侯东德:《封闭公司股权转让限制的契约解释》,载《西南民族大学学报》(人文社科版)2009年第8期。

第一章 有限责任公司章程限制股权转让的合理性分析

案例分析

☞ 案例一 改制企业职工离岗时公司章程约定股权只能内部转让效力判定

——雷某某诉重庆市某县百货有限责任公司股权转让纠纷案[1]

|基本案情|

原告（被上诉人）：雷某某

被告（上诉人）：重庆市某县百货有限责任公司（以下简称"百货公司"）

雷某某是原百货公司职工，于1997年10月1日退休，同年10月8日申请退还并最终领取股金3000元。雷某某以公司董事会对其实行单方面强制性的退休必退股行为严重侵犯其合法权益为由提起诉讼，要求法院依法判令百货公司立即恢复其在公司中应当享有的股权，并确认百货公司的退休必退股的行为无效。

经审理查明：

1994年，百货公司改制成立百货有限责任公司，雷某某等152名公司职工和工会成为公司股东，选举董事会，制定公司章程。公司章程明确规定："公司是经县人民政府授权部门批准，在县工商行政管理部门注册登记，有职工个人股152名和工会股股东出资额，并以其缴纳的出资对公司承担有限责任的企业法人。""本公司设立职工个人

---

[1] 案件索引：重庆市璧山县人民法院（2009）璧民初字第2259号民事判决书、重庆市第一中级人民法院（2010）渝一中法民终字第2496号判决书。

股和公司工会股，一经出资，不得退股。""股东已缴纳的出资只能内部转让或依法继承。股东转让出资需由股东会讨论通过，转让出资必须到公司指定部门办理转让登记手续，否则无效。"同年7月1日，璧山县体制改革办公室以璧体改办（1994）19号文件印发《关于同意成立重庆市璧山百货公司的批复》，该《批复》明确公司股本由公司工会股188209元和职工个人股489000元构成，合计677209元作为公司的注册资本。股本总额经会计师事务所验证确认，但验资报告中未明确工会股与职工股的具体金额，工商登记中无股东花名册。

1996年，公司召开股东大会，将公司章程的第17条修改为："凡以后退休或者调离的股东，如有内部职工接股的就由内部职工接，如没有就由公司收购。股东已缴纳的出资只能内部转让和公司收购（仅指退休、工作调离的股东）或依法继承。股东转让出资需由股东会讨论通过。转让出资必须到公司指定部门办理转让登记手续，否则无效。"

1997年，董事扩大会议通过"凡是退休的和调离的可以退股（退股后作为公司的集体股）"的决议。

1998年9月，股东大会将公司章程的第4条和第14条分别修改为："公司注册资本为1831460元人民币，系股东缴纳的股本总额""股东、持股会会员向股东以外的股东转让出资的，必须经全体股东过半数同意，不同意转让的股东应购买该转让的出资，如果不同意转让的视为同意转让。经股东同意转让的出资，在同等条件下，其他股东、持股会会员对该出资有优先购买权。股东、持股会会员的

第一章 有限责任公司章程限制股权转让的合理性分析

出资可依法继承或转让。转让或继承必须到公司指定部门办理转让登记手续,否则无效"。

法院裁判及理由

一审法院认为:被告百货公司改制时,由152名原县百货公司职工和工会出资成立。由于改制的特殊性,在处理被告百货公司内部股东关系纠纷时,应当依据公司章程进行。原告雷某某曾参加1996年的股东大会,并同意此次股东大会制定的公司章程。其中第17条明确规定,退休、工作调离的股东只能内部转让股份或由公司收购其股份,其实质是股份或股权转让,并非强制退股规定。公司章程未有职工股东退休必退股的具体规定,仅有股份转让或继承的规定。因此,该公司章程的规定未违反当时公司法的强制性或禁止性规定。然而,对于被告百货公司于1997年10月8日向原告雷某某退还的股金是按照公司章程规定进行的股份或者股权转让,以及原告雷某某的股份有明确具体的受让人或者受让人出资均证据不足。同时,也无证据证明百货公司对原告雷某某退股后的资本金依法进行了公司资本减资。因此,原告雷某某与被告百货公司之间的退股行为实质为抽逃出资,不仅违反了1993年、1999年、2004年《公司法》第34条"股东在公司登记后不得抽逃出资"的强制性规定,也违反了2005年颁行的《公司法》第36条"公司成立后股东不得抽逃出资"的规定。据此认定,被告百货公司退还股金行为无效,原告雷某某返还股金,被告百货公司立即恢复其股东身份。依照《民事诉讼法》第128条和《公司法》第36条的规定,判决百货公司于 1997 年 10 月 8 日向雷某某支付股金 3000 元的退股行为无效；在判决生效后十日内，雷某某向百货公司返还所退股金 3000 元后，百货公司应立即恢复其股东身份；驳回雷某某的其他诉讼请求。

宣判后，百货公司不服，提出上诉。

二审法院认为：原告雷某某退股后，被告百货公司的股东名单中已无雷某某的名字。从当时的工商登记来看，被告百货公司为有限责任公司，由国企改制而来。由于改制的特殊性和不规范性，当时的被告百货公司并不是真正意义上的有限责任公司，在一定程度上带有股份合作制企业的特征。按照 1997 年《国家体改委关于发展城市股份合作制企业的指导意见》(以下简称《指导意见》) 第 5 条"股份合作制企业职工离开企业时其股份不能带走，必须在企业内部转让，即取得股东身份的前提是具有在职职工的身份"的规定，被告百货公司 1996 年公司章程的规定并未违反公司法的禁止性规定，也与《指导意见》的精神不相冲突。因此，对纠纷的处理应当按公司章程进行。

雷某某退股虽然没有明确的受让人，且无转让协议，也未履行相应的减资手续，但可以理解为一种特殊的股权转让形式。一方面，公司资产没有减少，这符合股权转让的行使要件；另一方面，大多数的地方行政规范都规定股东退股后由企业收回股东股份，再由企业分配给其他职工。如公司有集体股，可暂时归入集体股。从 2002 年工商变更登记来看，工会股增加了 115 万余元，因此可以认定，雷某某所退出的股份已由工会承接、受让。尽管公司未减资，

第一章 有限责任公司章程限制股权转让的合理性分析

但是雷某某的名字已从公司的股东名单中删除,因而其已不再是公司股东,且其亦未再参加过公司事务,其退股行为亦不符合抽逃出资的要件。事实上,公司最终是否履行减资手续,是公司与现有股东的问题,与雷某某的转股或退出行为效力无关。因此,认定雷某某的退股行为有效,遂判决:撤销一审判决,驳回雷某某的诉讼请求。

案例评析

1. 要尊重特殊历史时期,改制企业的公司章程具有特殊历史背景

在历史上,我国很长一段时间是计划经济统领人民的经济生活。因此,公司的概念和结构治理听起来有些陌生。在改革开放大背景下,经济体制改革使现代公司制度成为中国经济发展的必要商事制度。"改制"就是将国有企业、集体企业等以全民所有制和集体所有制为中心的企业改为以产权为中心的现代企业,将国有单一投资主体改为多元化的投资主体,迄今为止,中国已经完成了这种传统企业制度向现代企业制度过渡的"改制"过程。本案就是在"改制"过程中产生的纠纷,从治理结构来看,该百货公司还不算典型意义上的公司,而更像股份合作制企业。

2. 公司章程限制股权转让是价值冲突的产物

现代公司制度是"舶来品"。西方国家对公司章程是否可以限制股权转让持肯定态度。如《日本商法》规定:"股份可向他人转让,但不妨碍章程中规定转让时须经董事会同意的条款。"[1]《德国股份公司法》规定:"章程可以规定

---

[1] 卞耀武主编:《当代外国公司法》,法律出版社1995年版,第614页。

股权转让需得到公司的同意，同意决定由董事会作出，章程也可以规定由监事会或股东大会作出同意决定。章程可以对拒绝同意的理由作出规定。"[1]意大利和瑞士等国也明确规定了公司章程可以禁止股权转让，英美国家对于封闭型公司的股权转让亦认为可以甚至应当加以限制。[2]我国《公司法》第71条第4款也是有关公司章程限制股权转让的规定。公司章程限制股权转让的实质是股权的自由转让与公司其他股东利益的价值冲突，也就是公司的资合性和人合性的冲突。经济越活跃，公司的人合性与资合性的冲突越明显。股权自由转让是现代公司制度的表象之一，同时也是公司人合性与资合性的冲突原因之一。

资本必须流动，才能创造价值。本案中，涉案企业在经过国有企业改制后，其股权只能在内部流转。有限责任公司的人合性特征决定公司股权可以限制性转让。资本是流动的，公司股东有选择的权利。雷某某因退休而退股，公司章程有规定退出条件，雷某某也领取了相关股金。1998年公司章程修改为股权可以转让给股东以外第三人，雷某某此时已经退休，不再是企业员工，更不是股东，不能以股东身份参加股东大会，也没有表决权。2009年雷某某以董事会强制退休即退股，依据1998年的公司章程要求恢复其股东身份，国有企业转制的股权转让与典型性公司的股权转让实际上存在价值冲突。

---

[1] 贾红梅、郑冲译：《德国股份公司法》，法律出版社1999年版，第37页。
[2] [美]罗伯特·W.汉密尔顿：《美国公司法》，齐东祥组织翻译，法律出版社2008年版，第281页。

第一章　有限责任公司章程限制股权转让的合理性分析

3. 公司法的强制性规范对公司章程的限制区别对待

公司法的强制性规范对公司的设立、经营模式、内部管理等公司事务主要采自治态度。公司的治理体现在公司章程的约定上。公司章程是法律强制性规范与公司股东意思自治之间的平衡器。对于公司法效力性强制性规定，公司章程不得违反；公司法还可以给公司章程留有一定的自治空间，公司章程可以选择适用；或者公司章程可以优先于公司法的规定适用；或者公司章程完全根据股东的意志执行，法律没有规定。实质上，《公司法》并不过多干预公司股权的处分，主要由股东和公司章程作出规定。百货公司的章程是企业改制后形成的，国企财产的国有性质决定限制股权外流，没有违反公司法中股权对内转让的效力性强制性规定，而且符合当时股份合作制有关的指导性文件的规定，即国企改制后的股份不能外流，只能内部转让或本单位承接。雷某某与公司对股权的约定具有契约性质，而且退休即退股，公司已经履约。退股后雷某某没有股东身份，1998年的修改章程会议其已无法参与。《公司法》对股东的权利和义务的规定为效力性强制性规定。

案例二 公司章程规定"人走股留"的效力判断
——刘某某诉烟台市某大药房有限责任公司收购股权纠纷案[1]

|基本案情|

原审原告（被上诉人）：刘某某

原审被告（上诉人）：烟台市某大药房有限责任公司（以下简称"大药房"）

刘某某自1988年起在大药房工作，2001年9月大药房由国有企业改制为有限责任公司，注册资本106.54万元。2006年1月13日，大药房全体股东一致通过的《公司章程》第7条规定，员工个人要求调出公司或被解除劳动合同、被开除时，公司按面值收购其全部股权，不分给当年红利。为了扩大公司规模，刘某某作为公司职工于2017年1月6日向大药房缴纳入股款30万元，大药房给刘某某开具了收到入股款30万元的收款收据。2017年7月14日，大药房召开股东会通过了《股东会决议》及《章程修正案》，一致同意公司注册资本由106.54万元增加至1064万元；增加的957.46万元注册资本分别由新股东……由新股东刘某某以货币出资30万元，由新股东……修改了公司章程第3条注册资本条款及第4条、第6条股东姓名及出资条款，新增股东中包括刘某某，其认缴出资额为30万元，持股3%，工商登记相关内容亦作了变更。

2021年4月27日，刘某某与大药房签订了《解除/

---
[1] 案件索引：烟台市牟平区人民法院（2021）鲁0612民初3742号民事判决书、烟台市中级人民法院（2022）鲁06民终2388号民事判决书。

第一章　有限责任公司章程限制股权转让的合理性分析

终止劳动合同证明书》，双方经协商一致于2021年4月27日解除（终止）劳动合同。

刘某某向一审法院起诉请求：1.依法判令大药房分配2017—2020年的股权红利；2.依法判令大药房返还入股款30万元；3.本案的诉讼费用由大药房承担。诉讼过程中，刘某某申请撤回了第1项诉讼请求，变更了第2项诉讼请求，要求大药房收购其持有的3%公司股权并支付股权收购款30万元。一审法院支持了刘某某的诉讼请求。大药房不服，提出上诉，二审维持了一审判决结果。

法院裁判及理由

一审法院认为，本案为请求公司收购股份纠纷，刘某某诉请大药房按照公司章程中"人走股留"的规定回购其股权。本案的争议问题是大药房公司章程中关于"人走股留"的规定，是否违反了公司法的禁止性规定，该章程关于此条的规定是否有效，大药房应否按面值收购刘某某的股权。首先，大药房经过全体股东共同签名、盖章通过的新旧两份公司章程中均规定了"员工个人要求调出公司或被解除劳动合同、被开除时，公司按面值收购其全部股权，不分给当年红利"条款，即所谓的"人走股留"，根据《中华人民共和国公司法》第25条第2款"股东应当在公司章程上签名、盖章"的规定，有限责任公司章程系由公司全体股东一致同意并对公司及全体股东产生约束力的规则性文件，对公司、股东均产生约束力。其次，基于有限责任公司封闭性和人合性的特点，由公司章程对公司股东转让股权作出某些限制性规定，亦系公司自治的体现。

本案中，刘某某成为大药房的股东是基于与大药房的劳动合同关系，刘某某自1988年起至2021年4月27日与大药房协商一致解除劳动合同，其间一直为大药房的员工，如果大药房、刘某某间没有建立这种劳动关系，刘某某则不一定能成为大药房的股东，故大药房公司章程中基于股东为员工身份的考虑而作出的对员工股东"人走股留"的规定，符合有限责任公司封闭性和人合性的特点，亦系公司自治原则的体现，不违反公司法的禁止性规定，该约定合法有效。

二审法院认为，本案双方当事人争议的焦点为：一、刘某某是否有权要求公司回购其股份；二、按原值回购股权的规定是否合法有效。

关于焦点问题一，大药房公司章程关于"人走股留"的规定，体现了有限责任公司封闭性和人合性的特点，系公司自治的体现，不违反《中华人民共和国公司法》的禁止性规定。刘某某及公司其他股东在章程上签字，章程对公司及刘某某均产生约束力。现刘某某已与大药房解除劳动合同关系，其有权依据章程的约定，要求公司回购股权。

关于焦点问题二，按面值回购股权系公司与股东协商一致的结果，内容不违反《中华人民共和国公司法》的禁止性规定，亦不存在被撤销或无效的情形，该约定合法有效。涉案股权价值变化应属于商业风险范畴，大药房既已通过公司章程确立了"人走股留"的职工持股制度，其应当预见职工离职退股可能导致公司资产缩减。公司的实际经营状况不佳不能成为大药房违背章程约定的理由，故在

第一章　有限责任公司章程限制股权转让的合理性分析

大药房公司章程确立的该项原则未变更的情况下，其应按照章程的约定按面值履行回购义务。原审判决认定事实清楚，适用法律正确，应予维持。故，驳回上诉，维持原判。

案例评析

1. 股东于公司章程上签字意味着公司与股东的契约关系成立

公司章程是公司与股东之间契约关系的载体。公司章程分原始章程和修改后的章程。有限责任公司的人合与资本高度统一，公司章程条款的修改趋向于全体股东认可，不认可的股东可以给予备注，说明公司对股东自我意思表示越来越宽容。例如，《公司法司法解释（四）》第16条[1]就特别强调全体股东约定的例外情形。修改后的章程采用股东按比例表决方式，也是效率原则的一种体现。一般在简单的人数少的情况下，传统的全部股东一致同意可以做到，但是在人数众多，情况复杂时，要达成全体一致不太容易，一般按比例表决，少数服从多数的做法行之有效，同样代表公司愿望，股东可以接受。通过公司章程，股东各方在相互兼顾的前提下，以较低的成本实现自己的个人目标。[2]

公司章程契约论之说英美国家早有论述。英国1856年公司法规定，公司章程一经登记，即对公司和其他成员产

---

[1]《公司法司法解释（四）》第16条规定："有限责任公司的自然人股东因继承发生变化时，其他股东主张依据公司法第七十一条第三款规定行使优先购买权的，人民法院不予支持，但公司章程另有规定或者全体股东另有约定的除外。"

[2] 徐洪涛：《公司自治与公司法的改革》，载王保树：《全球竞争体制下的公司法改革》，社会科学文献出版社2003年版，第156页。

生约束力,就像每个成员在这些文件上分别签名或盖章那样,构成每个人都须加以遵守的契约。由此可知,英国公司章程的契约范围存在于公司和股东之间、股东和股东之间。美国公司章程通常被认为是公司和股东、董事、经理人之间以及这些人相互之间的契约。[1]尽管范围不同,公司章程能够体现契约各方的合意。[2]本案刘某某于1988年即在大药房工作,2006年公司章程对股权转让设计了退出机制(按面值收购全部股权),2017年股东会决议及章程修正案体现出刘某某股东身份并在工商部门登记公示,2021年8月刘某某终止劳动关系后的新公司章程亦有股东离职退出公司机制。因此,刘某某在岗期间,公司章程对职工离岗退股有明确规定,刘某某也于公司章程上签字认可,按照公司章程规定处理刘某某的退股事宜于法有据。

2. 国企改制后职工离岗离职"人走股留",不违反公司法强制性规范

中国由计划经济向市场经济过渡期间,为建立现代企业制度,所有权与经营权分离,将国有企业向现代公司转变,对国有企业资产、人员、管理等进行改革。本案就是企业为了扩大再生产而转型,职工以自然人名义投资入股。职工持股的优点是降低成本、优化企业治理结构,人尽其才。为配置社会最佳资源,允许股权自由流动,公司章程对股权的流动规定了严格程序。对内须修改公司章程、变

---

[1] Robert W. Hamilton, *The Law of Corporations*, West Grop 2008, pp.43—62.
[2] 参见田金花、朱晓娟、戴国勇:《公司章程契约性的认定》,《佳木斯大学社会科学学报》2014年第4期。

第一章 有限责任公司章程限制股权转让的合理性分析

更股东名册、按议事规则决议等；对外须进行工商登记变更企业档案等。本案中，公司章程未违反公司法禁止性规定，应为有效。

我国《公司法》确有很多禁止性规定，公司承载社会责任和维护交易安全，不仅仅是股东内部问题，因此对外事务法律干涉较多，对内事务《公司法》则显得小心翼翼。股权只允许在公司内部转让，是对公司人合性的维护，况且本案企业经历了改制，"人走股留"是国有企业在历史背景下，依照有关政府指导意见的做法，于法于政策均无不当，应认定有效。至于企业盈亏与否，似乎跟公司章程规定无关，其契约性质决定了股东退出公司，须按照公司章程执行。"人走股留"的限制措施，在国内外企业的公司章程中并不鲜见，其目的是防止"不受欢迎的人"加入，保持股东"纯洁"。

第二章　有限责任公司章程限制股权转让的条文解释

一、从《公司法》对公司章程的强制程度分析

（一）公司章程与《公司法》的关系

明确公司章程与《公司法》的关系有利于分析公司章程限制股权转让的法律效力。

1. 强制性与任意性比较

《公司法》有些条文是法律的强制性规范，在执行上具有强硬、无可变通的特征；而公司章程是设立公司以及保障公司今后顺利运营的根本前提，也是公司股东的内部"灵魂"指引，具有意思自治的特征，公司章程非常灵活，在不违反法律和行政法规的前提下，可以规定许多事项，在公司内部占有绝对的指挥和领导地位。厘清《公司法》与公司章程的关系非常重要，有利于我们明确什么事务只能由《公司法》规定，公司章程不能以私权自治的方式碰触；什么事务公司章程可以在一定范围内自主规定；什么事务《公司法》根本不予干涉，完全由股东根据意思自治、公司个性化经营来任意规定。对于法律赋予股东的固有权

利,譬如股东的知情权,股东退出公司的自由权利,公司不能以公司章程的形式予以排除;在符合法律强制性规定的前提下,公司章程可对一些事项作出具体规定,例如,公司对外担保。《公司法》允许公司对外担保,但担保的具体程序和内容,需要董事会会议决定还是股东会会议决定,均由公司章程自主规定,公司章程有更大的空间和自由。还有一种情况就是公司法作出更大程度的让步,即法律虽有规定,但是公司章程可以优先适用。例如,在原股东死亡的情况下,继受股东是否可以继承股权,以及继受股东的权利都可由公司章程约定;另外,对于不涉及公司重大事项、不触及股东利益、不损害社会经济秩序及第三人利益的事务,比如给予高级管理人员财务权限,公司完全可以按照实际需要在公司章程中任意规定。

2. 对强制性规范的认识

从法理学的角度出发,理解法律规范,首先要了解规范的含义、强制性规范(效力性强制性规定和管理性强制性规定),以及它们的具体适用。"规范"一词来源于拉丁文 norma。它的本来意思是标准和规则。规范是规定人的行为的抽象标准,具有命令性,它是一种约束的行为准则,对行为的法律后果给予明确的指导和评价。通常情况下,它的效力等级越高,其适用范围越广、内容越抽象;效力等级越低,其适用范围越窄、内容越具体。[1]

在我国,法律规范是指,国家制定或认可,反映统治阶级意志,并由国家强制力保证实现的一种社会规范。与

---

[1] 参见朱景文主编:《法理学》,中国人民大学出版社 2012 年版,第 236 页。

强制性规范相对应的是任意性规范,即在法定范围内允许法律关系参加者自己确定权利义务的具体内容的法律规范。如《中华人民共和国经济合同法》第9条规定:"当事人双方依法就经济合同的主要条款经过协商一致,经济合同就成立。"在不违反法律法规、行政规章的前提下,由当事人合意产生的合同关系,由任意性规范调整;而与任意性规范相对应的是强制性规范。从强制性规范的文义上解释,强制性规范是指必须依照法律适用、不能以个人意志予以变更和排除适用的规范,主要分为强制性规定和禁止性规定两种形式,其最根本的特征是行为主体没有自由选择的余地,只能按照法律规范作为或不作为。一般来说,禁止性规范和义务性规范都属于强制性规范。

强制性规范从司法裁判认定上来说,又分为效力性强制性规定和管理性强制性规定。例如,《野生动物保护法》第27条规定,"禁止出售、购买、利用国家重点保护野生动物及其制品",此为效力性强制性规定。违反了该条规定的合同当然无效。而管理性强制性规定的认定则是出于行政管理的目的,虽然合同的成立违反了相关法规的规定,存在瑕疵,但是没有损害国家、社会利益,违规行为可以补救。例如,《最高人民法院关于审理商品房买卖合同纠纷案件适用法律若干问题的解释》第2条规定:"出卖人未取得商品房预售许可证明,与买受人订立的商品房预售合同,应当认定无效,但是在起诉前取得商品房预售许可证明的,可以认定有效。"行为人在起诉前,纠正了其违规行为,合同应当认定为有效。管理性强制性规定针对的是行政管理,而不是双方当事人的合同,因此,在起诉前取得商品房预售许可,没有影响法律裁判认定,该买卖商品房的行为即为有效。司法实践中,是适用效力性强制性规定还是适用管理性强制性规定,要根据案件的具体情况决定,很难一概而论。

3. 最高人民法院的裁判观点[1]

以《合同法》第52条的规定为例:

(1)明确规定违反禁止性规范和义务性规范将直接导致合同无效的,当然属于效力性强制性规定;虽然没有明确规定行为有效,但如果认定合同有效,继续履行会损害国家利益和社会公共利益,则应当认定合同无效,其也属于效力性强制性规定。

(2)识别管理性强制性规定,主要看立法目的,立法目的是规范行为内容本身,还是规范主体资格,如果规范指向主体资格,而不是行为内容本身,合同虽有瑕疵,但是可以纠正,在法律规定期限之内纠正瑕疵,可以认定合同有效,有些情形虽然主体资格欠缺,但不影响合同效力,此为管理性强制性规定。

(3)也有法官用立法目的和诚信原则来判断合同效力。法律已经明确规定了法律后果的,按照法律规定执行;法律没有明确规定的,区分情况判断[2]。

第一种情况,判断合同违约的对象。如果是一方当事

---

[1] 参见吴庆宝主编:《最高人民法院专家法官阐释民商裁判疑难问题》,中国法制出版社2009年版,第2—9页。

[2] 郝芝宏:《怎样区分效力性规范与管理性规范》,载阜阳市颍东区人民法院网,http://fyydfy.chinacourt.gov.cn/article/detail/2011/06/id/1912283.shtml,最后访问日期:2022年8月23日。

人违反了行政管理有关规定,没有尽到行政审批的义务,应当履行行政审批而不履行,致使合同履行不能,而非双方当事人责任,则应当认定为管理性强制性规定。

第二种情况,特定主体没有主体资格,属于无证经营,双方当事人的合同并不当然无效,只有继续履行会损害国家利益、社会利益的,才能认定无效。

第三种情况,当急于履行的当事人在法律规定的期限内履行了审批义务,即履行行为具有补正性,其立法目的侧重于管理,而不是审查合同行为本身,则合同仍然有效。比如,《商品房销售管理办法》第22条第1款规定:"不符合商品房销售条件的,房地产开发企业不得销售商品房,不得向买受人收取任何预订款性质费用。"如果房地产商出卖房产时没有预售房许可,即与买受人订立商品房买卖合同,应当认定买卖合同无效,在起诉前取得商品房预售许可的,可以认定买卖合同有效。此认定即为管理性强制性规定而非效力性强制性规定。违反该规定将直接导致合同无效,则该规范属于效力性强制性规定。

《公司法》第71条第4款的"公司章程对股权转让另有规定的,从其规定",即优先适用公司章程,便属于第三种情况。第三种情况中,公司法的强制性效力更弱一些,其涉及公司内部治理,法律不宜管束过多,因此可以公司章程优先适用。

(二)学界观点

有学者认为,"如果股权转让限制性规定是强制性规定,那么公司章程所作的与《公司法》不一致的规定将是

第二章 有限责任公司章程限制股权转让的条文解释

违法的，也就是无效的；如果股权转让限制性规定是补充性或任意性规范，那么法律允许公司章程对其进行补充、完善和修正"[1]。

另外一种说法认为，"股东权的自由转让原则当解为强行性法律规范中的效力规定，凡违反该原则、限制股东权自由转让的章程条款应归于无效"[2]。

还有学者认为，《公司法》中限制股权转让的规定属于任意性规范中的推定性规范，其给股东及公司一个示范性内容，表明应当对股权转让进行限制的基本立场，然而具体如何处理交由股东意思自治。[3]

笔者赞同第三种观点。第一种观点实际上就《公司法》中限制股权转让的相关规范的性质与公司章程的效力未作明确表态，仅仅道出了两者的关系。第二种观点认为股权的自由转让为效力性强制性规定，即《公司法》第71条第1款为效力性强制性规定。然而该条第2、第3款都是从条件上规定其他股东的同意权和优先购买权，以此来限制股权的自由转让。若认为章程条款限制股权转让即无效，但章程条款又符合第2、第3款的规定而应当有效，这便构成法律自身逻辑上的矛盾。因此，第二种观点从第71条各款之间的关系来看，存在谬误。

---

[1] 奚庆、王艳丽：《论公司章程对有限责任公司股权转让限制性规定的效力》，载《南京社会科学》2009年第12期。
[2] 孔修寅、王东辉：《未经股东本人同意，股权转让不能成立》，载《人民法院报》2007年2月17日。
[3] 参见陈彦晶：《有限责任公司股权转让限制制度研究》，法律出版社2017年版，第51—52页。

（三）法律限制程度分析

《公司法》第71条第4款的规定有别于前3款的规定时，遵从公司章程的约定。这表明法律为公司在股权转让上留有一定的意思自治空间。第71条第1款是关于有限责任公司股权转让的一般规定，第2款规定股权对外转让的程序性条件（其他股东过半数同意），第3款规定股东在同等条件下的优先购买权，第4款属于前3款的例外，规定公司章程可以优先适用并对股权转让作出限制性约定，有约定的则约定优先，无约定时才遵从前3款的规定。可见第2款和第3款实际上对于股东转让股权已经作出一些限制性规定，第4款允许公司在法律规定的限制条件之上作出进一步的限制。

就股权限制转让而言，公司章程约定优先于法律规定，这意味着即使法律规定本身是效力性强制性规定，章程约定优先仍然可以排除该强制性规定的适用。第4款表明公司章程可以否定前3款设置的股权转让限制条件，也可以在此基础上进一步限制，这都是法律赋予公司章程在法律限制范围内的自由。因此，第4款似乎使前3款变成了任意性规范。[1] 所谓"如果公司章程违反了《公司法》的强制性规定，该规定是无效的。但如果仅仅是改变了《公司法》的任意性规定应当是允许的"[2]的观点，在股权限制转

---

[1] 参见宁金成：《有限责任公司设限股权转让效力研究》，载《暨南学报》（哲学社会科学版）2012年第12期。
[2] 赵莉：《公司章程限制股权转让的合理性审查》，载《法学杂志》2012年第9期。

让事务上是不成立的。加上前3款只在没有公司章程约定的情形下起补充性作用，其实际上成了示范性内容。

从上述公司法对公司章程限制的程度来分析，公司法必须明确列举公司章程不得自主规定的事项。中国现行公司法没有明确规定制定章程时的各种限制，一旦发生纠纷很难有效解决，法院裁判依据也显得不充分、不统一。对《公司法》第71条第4款可以在公司法的强制性规范范围内进行限制，也可以超出公司法的强制性规范范围进行限制。

（四）国外经验

借鉴国外经验，如果公司章程限制股权转让涉及公司内部治理结构的，公司法应当授权公司章程依照股东意思限制，法律一般在没有穷尽公司内部手段时不宜介入；如果限制的内容涉及公司外部第三人或者与公司的社会责任有关，或者违背法律强制性规定、违反公序良俗的，公司法则可以强制性介入。这样公司章程限制股权转让的效力边界才能清晰，限制的合理性才好衡量，限制股权转让的公司章程条款才能真正起到应有的法律效果和良好的社会效果。

二、从公司章程本身分析

（一）公司章程的限制分析

有限责任公司章程限制股权转让的"另有约定"并非完全自由化。

1. 限制效力的判断

"在实践中，有限责任公司股权转让的章程限制性规定可谓五花八门，概括而言，可分为'禁止股权转让''强制股权转让''对股权转让施加其他限制'等类型。"[1]但其是否有效需要结合具体规定进行判断，而并非都具有效力。"立法者将公司法的规定蜕变为当事人意思空白情形下的一种补充，在适用法顺位上，改变了公司章程与公司法的关系，将公司章程置于优先适用的裁判法的地位。……这并非意味着当事人的'另有规定'可以恣意妄为，如欲排除公司法的适用，这种'另有规定'应当获得法律上或一般社会观念上的肯定性评价。"[2]公司章程限制股权转让本身应当具有合法性和合理性，前者要求不违反效力性强制性规定，后者需要结合具体案情进行判断，但最基本的要求是限制股权转让应符合特定企业的需要。[3]

"章程还关系到公司的治理结构及相关社会和第三人的利益，因而公司章程还具有法定性。"[4]公司章程关于股权限制转让的规定必然涉及公司利益、股东利益冲突时保护谁与不保护谁的问题，其本身的利益保护确定的规则应当是合法的。此外，"公司章程合法性的实质是公司的效力问题"[5]。实际上，公司章程限制股权转让的合理性与否一定

---

[1] 罗培新：《抑制股权转让代理成本的法律构造》，载《中国社会科学》2013年第7期。
[2] 钱玉林：《公司章程对股权转让限制的效力》，载《法学》2012年第10期。
[3] 参见陈彦晶：《有限责任公司股权转让限制制度研究》，法律出版社2017年版，第114—117页。
[4] 赵莉：《公司章程限制股权转让的合理性审查》，载《法学杂志》2012年第9期。
[5] 赵莉：《公司章程限制股权转让的合理性审查》，载《法学杂志》2012年第9期。

第二章 有限责任公司章程限制股权转让的条文解释

程度上也影响着其合法性与否。

2. 限制效力的考量因素

就公司章程限制股权转让的合理性与合法性,可从以下两方面进行考量:

第一,不违反法律、行政法规的效力性强制性规定。即使在《公司法》第71条第4款的作用下,前3款法定限制股权转让规则的性质发生了改变,也并不表示第4款赋予公司章程绝对无限大的权力。公司章程依然是在法律、行政法规强制性规范的范围内"活动"而不能有所越界,否则相关条款无效。除了违反法律强制性规定,不应当将公司章程认定为无效。"在不违反法律强制性规定的前提下,公司章程可以对包括股东转让股权在内的内部事务进行约定,一般情况下应认可该约定的效力。"[1]

第二,遵循股东平等原则。公司章程"不得违反公司法确立的股东平等原则,不得损害股东的核心权益"[2],最重要的是公司章程应当不能给控股股东留有滥用权力的机会,从而损害弱势中小股东的权益。受让股权程序合法、公平合理且为大多数股东接受是公司章程限制股东滥用权力、维护弱势股东利益追求的目的。因此,股东平等原则是公司章程限制股权转让合理性的一个重要因素。世界各国公司法均采用股东平等原则,意在保护资本多数决原则

---

[1] 廖宏、黄文亮:《有限责任公司股权转让法律问题研究》,载《南昌大学学报》(人文社会科学版) 2010年第S1期。
[2] 赵莉:《公司章程限制股权转让的合理性审查》,载《法学杂志》2012年第9期。

下的中小股东。在公司的法律关系中，即便是小股东也要平等地享有权利。[1]传统上，股东平等原则是强制性规范，违反股东平等原则的章程无效。[2]需注意，股东平等原则并不是对所有股东同等对待而不加以区别，[3]也不是有效力的公司决议必经全体一致通过。[4]

3.股东平等的含义

股东平等原则包含两层含义：首先是股东资格平等。股东权利不以出资多少而有所不同，只要具备公司法规定的股东资格即享有股东权利。其次是股东民主。公司是团体性单位，"股东民主是股东平等原则最根本性价值蕴涵"[5]。"民主的基本含义就是多数人的统治，决议以多数决为原则，这可以称之为意思民主原则。意思民主不是意思一致同意或意思自治，而是一种意思冲突规则。"[6]这种意思民主规则在公司中被称为决议规则。决议规则与合同法上的意思自治规则不同，程序的正当性考虑要先于意思自治规则。同时，"由于全体一致性是不可能的，并且共

---

[1] [韩]李松哲：《韩国公司法》，吴日焕译，中国政法大学出版社2000年版，第222页。

[2] [日]末永敏和：《现代日本公司法》，金洪玉译，人民法院出版社2000年版，第67页。

[3] 宋智慧：《股东平等原则与资本多数决的矫治》，载《河北法学》2011年第6期。

[4] 吴飞飞：《"公司章程另有规定"条款的理论争点与司法解说——以公司合同理论与股东平等原则为认知路径》，载《甘肃政法学院学报》2014年第1期。

[5] 吴飞飞：《"公司章程另有规定"条款的理论争点与司法解说——以公司合同理论与股东平等原则为认知路径》，载《甘肃政法学院学报》2014年第1期。

[6] 陈醇：《论单方法律行为、合同和决议之间的区别》，载《环球法律评论》，2010年第1期。

第二章 有限责任公司章程限制股权转让的条文解释

同意志总是意味着多数人的赞同,因此,不言而喻,少数人受到多数人的支配"[1]。"决议的最终结果对持反对意见的少数股东来说可能同样有效。"[2]严格意义上,持股多者掌握主动权、持股寡者被动无权是资本民主的平等逻辑。[3]《公司法》第42条[4]规定了股东表决权,公司章程另有规定的,从其规定。

(二)程序与实体兼顾

公司章程限制股权转让应兼顾程序正当与实体公平。

1. 资本多数决与股东人数决

一般情况下,公司章程限制股权转让的表决方式有两种:一种是资本多数决;另一种是股东人数决。资本多数决的利处在于:有严格的程序限制,程序正当性要求股东严格遵守表决程序,即使有反对股东,依据决议的系统性、专业性和强制性[5],决议一旦形成,股东不可更改。但是资本多数决也有弊处,持股多的股东操控公司事务、决定公司重大事项、设计资产收益分配方案等,利用手中权利压迫小股东,损害小股东利益的纠纷也不断出现。股东人数决的益处在于:中小股东凭借股东人数的优势,能够充

---

[1] [美]丹尼斯·C.缪勒:《公共选择理论》,杨春学等译,中国社会科学出版社1999年版,第73页。
[2] [德]迪特斯·梅迪库斯:《德国民法总论》,邵建东译,法律出版社2000年版,第167页。
[3] 吴飞飞:《"公司章程另有规定"条款的理论争点与司法解说——以公司合同理论与股东平等原则为认知路径》,载《甘肃政法学院学报》2014年第1期。
[4] 《公司法》第42条规定:"股东会会议由股东按照出资比例行使表决权;但是,公司章程另有规定的除外。"
[5] 陈醇:《商行为程序研究》,中国法制出版社2006年版,第125页。

分行使股东权利，表达意愿；不利之处在于，受小股东出资较少、股东能力有限、股东信息不对称等因素制约，由中小股东作出的决议不一定对公司有利。两种表决方式各有利弊，任何一个法律规则都不一定是完美无瑕的，都可能存在缺陷。无论是资本多数决还是股东人数决，其目的都是给予股东应有的空间和平等发声的权利。

2. 程序与实体兼顾保障

为保护弱势股东，防止股东滥用权利，设计公司章程时要求设置必要的限制条件。

首先，公司章程应明确规定修改章程时公司应当履行通知义务，并且通知必须到达中小股东。《公司法司法解释（四）》显然对"通知"作了更加明确的规定。比如，第17条规定，"有限责任公司的股东向股东以外的人转让股权，应就其股权转让事项以书面或者其他能够确认收悉的合理方式通知其他股东征求同意"。第22条第1款规定："通过拍卖向股东以外的人转让有限责任公司股权的，适用公司法第七十一条第二款、第三款或者第七十二条规定的'书面通知''通知''同等条件'时，根据相关法律、司法解释确定。"从这些规定来看，司法解释对"通知"的定义更加细化、更加具有可操作性，也为审判实践中"通知"的认定提供了明确依据。

在实际修改公司章程中，大股东往往忽略小股东，以资本多数决方式直接变更，甚至根本不予通知。例如，《公司法》第39条、第42条、第43条授权公司章程可以对股东会会议的召集方式、议事规则和表决权另行规定。股权转让可能涉及公司减资，对公司享有控制权的大股东极有可能利用资本多数决的表决方式制定规则规定大股东资本不动，小股东减资，或者小股东承担的义务多于大股东。股权转让相当于公司重大事项变更，无论股东是否知悉章程就股权转让限制的修改内容，只要是公司股东就应当认可公司章程，这种处理方式不够妥当，可能侵害小股东利益。因此，应当确保小股东有权知晓公司章程修改内容、重大事项变更、获得法律规定意义上的"通知"，保障其参与股东会会议的权利、行使表决权的权利。

其次，除了应当保障弱势股东在修改章程限制股权转让内容时的程序性权利，比如参与权、表决权等，还应当保障实体性权利。当然，有的公司章程在限制性设置上看似不合理，甚至制定苛刻的转让条件，但只要不是绝对禁止资本流动，可以认为是在合理的限度之内。资本是带来新增价值的价值附着物，只有在流动中才能产生它的新价值。资本周转理论（capital turnover）是马克思主义的重要理论。资本必须不断重复、周而复始地循环，持续周期性地循环以获得价值增值，这是资本之所以是资本的天性；如果资本静止下来，失去了本质特征，它就不是资本。资本只有在流动中才能实现其价值增值，即只有在生产和交换过程中获得利润，它的本质属性才能体现出来。因此通过生产和消费环节，资本增值的路径只能是流通，在流通中产生价值。马克思主义经典著作形象地描述了资本不顾一切获得利润增值的模样。马克思形容资本时说，"资本来到世间，每个毛孔都渗透着血和肮脏的东西"，"一旦有适当的利润，资本就胆大起来。如果有10%的利润，它就保证到处被使用；有20%的利润，它就活跃起来；有50%的利润，它就铤而走险；为了100%的利润，它就敢践踏一切人间法律；有300%的利润，它就敢犯任何罪行，甚至冒绞首的危险。如果动乱和纷争能带来利润，它就会鼓励动乱和纷争"。[1]

资本的本性就是逐利。商事事务中股权就是资本，公司设立与运营的主要目的就是盈利。股东间均认可的限制股权转让条件，法律不宜过多干涉，但绝对禁止股权流动是不被允许的。比如，"对于具有特殊身份的股东的股权转让，如职工股份的转让，如果约定其转让或退出时仅以出资购买时价格退出或转让给公司的规定，基于该种股权的特殊性及职工的同意性，不宜认定该规定无效"[2]。只禁止股权的外部转让，没有禁止股权的内部转让，属于公司设置的严苛转让条件，但并非实质上绝对禁止，法律的强制性规定不宜干涉。相反，限制股权转让的规定并非所有股东都认可，这些不认可该规定的股东其权益受侵害时，如何进行救济不无疑问。

再次，充分尊重股东意志，不得过分限制乃至剥夺股东权益。"股东的核心权益主要表现为章程的规定是否体现了其意思，或章程的规定是否让公司或其他股东获得了不

---

[1]《马克思恩格斯文集》（第5卷），人民出版社2009年版，第871页。
[2] 赵莉：《公司章程限制股权转让的合理性审查》，载《法学杂志》2012年第9期。

第二章 有限责任公司章程限制股权转让的条文解释

应有利益而使其受损。"[1]"承认公司章程此种对股权转让限制的理由在于充分尊重股东意志。"[2]股东权利是股东享有的权利,其中包括对股权转让的自由利益。股东权利依法受到我国法律充分保护而不受公司内部和外部的非法侵害。[3]对股权权利的限制要么应当依照法定程序,要么是股东自己放弃该权利,否则构成对股东权利的不法限制或侵害。"有限责任公司,其人合性质较强,股东基于彼此的信赖进行合作、创建公司、制订章程。"[4]相应地,在权利限制问题上更应当尊重股东的自由意志。公司章程不得损害股东固有的权利,比如禁止转让股权、强制转让股权和退股以及禁止股东依法退股。[5]

对那些不认可公司章程限制股权转让规定的股东,如何进行救济?《公司法司法解释(四)(征求意见稿)》第29条[6]赋予股东请求人民法院确认公司章程过度限制实质上完全限制股权转让的条款无效的权利。该条并没有直接规定公司章程中过度限制实质上完全限制股权转让的条款

---

[1] 赵莉:《公司章程限制股权转让的合理性审查》,载《法学杂志》2012年第9期。
[2] 刘康复:《论有限责任公司章程对股权转让的限制》,载《湖南社会科学》2009年第4期。
[3] 《中华人民共和国民法总则》第125条规定:"民事主体依法享有股权和其他投资性权利。"
[4] 赵莉:《公司章程限制股权转让的合理性审查》,载《法学杂志》2012年第9期。
[5] 参见刘俊海:《论有限责任公司股权转让合同的效力》,载《暨南学报》(哲学社会科学版)2012年第12期。
[6] 《公司法司法解释(四)(征求意见稿)》第29条规定:"有限责任公司章程条款过度限制股东转让股权,导致股权实质上不能转让,股东请求确认该条款无效的,应予支持。"

无效，而是设置了一个需要股东请求确认的程序。这虽然能够维持股东之间在公司章程上的自治性，但又似乎不能够完全保护被强迫认可限制股权转让规定的股东的权益。当然，需要注意的是，这种程序上的权利被忽视并不必然需要寻求司法救济，但程序上的权利被忽视进而导致实体权利被侵害时，这就需要法律提供相应的救济途径。因此，该条的制度设计是值得商榷的。《公司法司法解释（四）》并未见该条款。

最后，采取有相关平衡作用的措施。股权转让是股东退出公司的一种方式。在没有其他替代性退出机制的情况下，加大限制股权转让力度甚至禁止股权转让显然违背股东本身在股权上的意志自由。因此，限制股权转让应当设置相关的退出机制以弥补制度上的缺失。"判断章程限制甚至禁止股权转让是否合理，还要看章程中的规定或公司在具体实施该限制规定时的做法，即该规定或其做法是否为股权转让或退出提供了相应的通道。"[1]

公司成立之初，股东认同合作的理念以及相互信任，通过投资参与到公司之中，通过经营管理获得利益。在经营过程中，股东有可能会因对公司经营理念的变更不再认同，或有更好的投资机会而离开公司，故而，公司章程规定股东转让股权是股东退出公司的有效路径。商事行为中任何人没有理由强制其他人锁定于公司之中而没有退股权利。公司章程限制股权转让在不违反法律强制性规定的情

---

[1] 赵莉：《公司章程限制股权转让的合理性审查》，载《法学杂志》2012年第9期。

况下，能够维护公司中小股东的利益，同时也能有效避免公司僵局出现。相反，如果公司章程"实质上造成股东没有任何途径收回其投资，那么这种限制是无效的"[1]，亦即该公司章程关于股权限制转让的规定应当无效。

总而言之，公司章程限制股权转让条款的效力如何，应当从合法性与合理性入手判断。合法性主要观察是否存在违反《公司法》第71条以外的强制性规定。合理性判断，"关键是看这些规定是否充分体现了当事人的意思，是否能够对所有股东一视同仁，是否为不能转让提供了其他退出渠道，以及公司和其他股东特别是大股东是否因其他股东的退出获得了不该得到的利益"[2]。

三、《公司法》第71条第4款的解释

（一）关于"章程"的范围

学界对于第4款中的"章程"是否包括所有章程持怀疑态度。

"该条款未区分设立公司的章程和公司成立后修改的章程，笼统确立了公司章程优先适用的效力。鉴于股权具有特殊价值，按照多数决原则修改章程时，若构成对反对股东转让权的限制，在解释上，不宜当然视为有效。"[3] 对于

---

[1] 蒋浩：《从有限责任公司的资合性和人合性的平衡看股权转让的效力》，载《西南民族大学学报（人文社会科学版）》2008年第8期。
[2] 赵莉：《公司章程限制股权转让的合理性审查》，载《法学杂志》2012年第9期。
[3] 叶林：《公司法研究》，中国人民大学出版社2008年版，第215页。

"股权转让的程序性规定"的内容，本质上涉及公司的人合性，可以通过股东会决议形成公司章程的该部分内容，故而公司章程可以理解为自治性规范；但对于"股权处分权"的内容，由于本质上涉及股东私权的处分，股东会决议无权作出决定，故而将公司章程的这些"另有规定"解释为合同，适用合同的法理来解释这些"另有规定"的效力。[1]

换言之，初始章程是通过全体一致同意确立的，而修订后的章程是通过多数决确定的，前者兼具合同法理和自治规范性质，后者只有自治规范性质。[2]故，针对修改后的章程限制股权转让，为防止多数决带来的问题，应当由每个股东明确表示是否受此章程约束，甚至要全体股东一致同意（即全体同意决）。

"有限责任公司修改后的章程，因章程体现的是公司意志而非全体股东意志，因此应留有股东个人自治的事项，应由股东个人决定。"[3]"章程的修订条款如果为股东转让股权设定了负担，则不能推定为获得了全体股东的同意，而必须经该修订条款拘束下的所有股东同意。"[4]"公司成立后，无论在公司章程中作出关于股权转让限制条件的崭新规定，还是对公司章程中既有的股权转让限制条件进行修

---

[1] 钱玉林：《公司章程对股权转让限制的效力》，载《法学》2012年第10期。
[2] 参见钱玉林：《公司章程对股权转让限制的效力》，载《法学》2012年第10期。
[3] 宁金成：《有限责任公司设限股权转让效力研究》，载《暨南学报（哲学社会科学版）》2012年第12期。
[4] 罗培新：《抑制股权转让代理成本的法律构造》，载《中国社会科学》2013年第7期。

改（包括删除），一般情况下，似乎均应取得全体股东的一致同意。"[1]

更有甚者，主张修改后的章程作出股权转让限制的，应当获得全体股东一致同意，并且定性为强制性条款，公司章程违反此规定无效。"未经全体股东一致同意，不得以修改公司章程限制股权转让……在我国司法实践中，应将股权转让限制条款的制定与修改规则视为公司法的一般原理，将违反该规则的章程制定与修改行为界定为违反公司法强制性规定的无效行为。"[2]

当然，亦有反对者认为，"公司成立时全体股东通过的公司章程与随后经过股东会修改的章程在效力上应当是同等的，不能因为制定时间的先后确定公司章程效力的大小"[3]。此观点仅从表面看到设立公司的初始章程与后修改章程之间的时间差异，而未能注意到两者本质上的区别，从而得出偏颇的观点，不值得赞成。

还有学者认为，限制股权转让的章程是否有效，不应该以股东之合意充分与否、初始章程和修改后的章程的区分为判断依据，应从最根本层面上的是否以增进公司之整体福利为目的、是否公正地对待少数股东与异议股东来判

---

[1] 段威：《有限责任公司股权转让时"其他股东同意权"制度研究》，载《法律科学》2013年第3期。
[2] 王建文：《有限责任公司股权转让限制的自治边界及司法适用》，载《社会科学家》2014年第1期。
[3] 黄晓林、张晓冬：《股东优先购买权章程自治适用问题探析》，载《中国海洋大学学报（社会科学版）》2015年第5期。

断。[1] 这实际上是从形式上升到实质，并没有本质上的区别。考量股东合意以及区分章程实际上就是为了考量是否增进公司福利，以及是否公正对待少数股东与异议股东。

笔者赞同区分初始章程与修改后的章程的本质区别。除非修改后的章程是由全体股东一致通过的，否则其在性质上与初始章程是存在区别的。初始章程由全体原始股东一致同意，更符合合同意思自治原理。而修改后的章程一般是由多数决或其他方式通过，其并不要求必须有所有股东的合意。由于公司治理本身讲求效率，因此原则上不能要求所有的事项均获得全体股东的同意。

故而，初始章程不仅是公司自治的结果，还具有合同协议属性。而修改后的章程除非是经过全体股东的一致同意，否则只具有公司自治的意思，而不具有合同特征。然而股权限制转让属于对股东权利的限制，应当由当事人自愿接受，而不能非法剥夺。

此外，股权不同于债权，其具有社员权性质，兼具人身属性与财产属性。在人身属性方面，突出的人合性特征和公司的利益保护决定股权转让应当在遵循公司自治的同时还应兼顾股东的意思自治。

《公司法》第71条第4款从文义上显然包括初始章程和修改后的章程，并未有所区分。因此，应当对第71条第4款中的章程做限缩解释，限于初始章程，而不包括修改后的章程。同样法理适用于限制股权转让中的多数决决议，

---

[1] 参见吴飞飞：《公司章程"排除"公司法：立法表达与司法检视》，载《北方法学》2014年第4期。

限制股权转让除应当符合公司自治法理外，还应当尊重股东的意思自治，这样才符合公司私法本质以及股权作为私权应当由股东自由处分的属性。至于限制股权转让的公司章程是否必须要求以全体股东一致同意的方式通过以及将其作为修改公司章程的强制性规定，笔者持否定意见。其理由：首先，限制股权转让属于公司治理范畴，应当交由公司自主决定；其次，以多数决的方式修改章程并不意味着不会有全体股东一致同意的情况出现；最后，即使出现符合多数决而非全体一致同意的情况，还是可以通过征询的方式来达到同样的效果。

在这一点上，值得借鉴的是《德国有限责任公司法》第53条规定的"（一）公司章程须由股东会作成决议才可修改。（二）此项决议必须经过公证，并须经投票数的四分之三通过。章程还可规定其他要件。（三）在章程所规定的股东义务之外，再增加股东的义务时，必须经全体入股股东同意"。原则上仍保留多数决，但是在增加股东义务或限制股东权利上，不论形式如何，均要获得全体股东的同意。

（二）关于限制股权转让的具体内容

有学者主张区分公司章程限制股权转让与限制股权转让的程序性规定，前者需要有股东的个人意思即符合股东意愿，而后者并不要求。其认为，"关于股权转让的程序性规定的'另有规定'，本质上涉及公司的人合性，是对公司内部事务的一种制度性安排，并不直接涉及作为私权性质的股权，与股东个别意思无关，因此对该部分内容的公司章程的'另有规定'无论是初始章程还是章程修正，其所作的'另有规定'均符合团体自治法制定与修改的逻辑，具有正当性的基础"[1]。这就涉及公司章程限制股权转让的具体限制内容问题。

反对此观点的人认为，"'另有规定'还应是'有限责任公司股东股权转让程序的规定'的解释符合立法本意和法条逻辑。"[2]而"《公司法》第71条关于股权转让的规定目的在于解决股权在什么情况下可以发生受到公司和其他股东的认可从而产生股权变动的效果，而非股权转让本身"[3]。

笔者认为，首先需要厘清股权处分权本身与股权转让的程序性规定的关系。笔者认为，股权处分权与股权转让的程序性规定是否是一个合理的分类，值得怀疑。

股权转让程序性规定中的限制性规定多遵循公司自治原理，无疑与股东自由处分的意思自治原则相悖。因此，将股权处分权与股权转让的程序性规定严格区分开来，就相当于把两者之间的联系置于不顾。对此区分，笔者不予赞同。对于股权处分权的限制，应当符合当事人意思自治原则，应当经当事人同意。

从条文含义来看，该限制更多的是股权转让程序上的限制，没有直接对股权处分权的限制规定。但是，股权转让的程序性规定实际上与股权处分权中的转让权有着千丝

---

[1] 钱玉林：《公司章程对股权转让限制的效力》，载《法学》2012年第10期。
[2] 郑彧：《股东优先购买权"穿透效力"的适用与限制》，载《中国法学》2015年第5期。
[3] 徐强胜：《股权转让限制规定的效力》，载《环球法律评论》2015年第1期。

万缕的关系,对于前者与后者的限制应当遵循同样的法理,即在遵循公司自治规范的同时还应兼顾股东的意思自治。

此外,关于《公司法》第71条第4款限制股权转让的具体内容的另一争议是,公司章程应该规定较法定限制而言更高还是更低的条件和程序。有学者认为,"鉴于有限责任公司具有一定的人合性质,股东相互之间有一定程度的人身信赖关系,因此,公司章程对于股权的内部转让不应当设定过高的限制条件……公司章程对股权对外转让作出限制性规定的条件和程序不得低于《公司法》所明确规定的条件和程序"[1]。另外一种观点认为,"公司章程可以规定比公司法立法条款更为宽松的股权转让条件,也可以规定更为严格的股权转让条件。不应以《公司法》第71条前3款的规定去衡量股权转让的公司初始章程规定或股东之间的约定是否有效"[2]。笔者赞同后一观点,《公司法》第71条第4款是前3款的例外,因此其既可以放宽股权转让,也可以规定更严格的条件和程序。此外,公司章程作为公司自主治理的重要文本,其所规定的股权转让条件和程序并不一定要以《公司法》第71条前3款的规定为参照。

四、小 结

《公司法》第71条允许公司章程在法定限制条件上进

---

[1] 奚庆、王艳丽:《论公司章程对有限责任公司股权转让限制性规定的效力》,载《南京社会科学》2009年第12期。

[2] 宁金成:《有限责任公司设限股权转让效力研究》,载《暨南学报(哲学社会科学版)》2012年第12期。

一步对股权转让进行限制，这更有利于保障公司的人合性，维护公司内部的长久关系，保护股东之间的信赖关系，从而有助于公司的稳定经营。就股权限制转让，章程约定优先于法律规定，这意味着即使法律规定本身是强制性规定，章程约定仍可排除该强制性规定的适用。

公司法必须明确列举公司章程不得自主规定的事项。公司章程限制股权转让条款的效力如何，应当从合法性与合理性角度判断。合法性主要判断是否存在违反《公司法》第71条以外的强制性规定。合理性判断，需要结合是否体现股东个人意愿，是否符合股权平等原则，是否为不能转让股权提供了其他退出渠道，是否不损害股东核心权益以及公司和其他股东特别是大股东的利益，是否因其他股东的退出获得了不当利益综合考量。

股权限制转让属于对股东权利的限制，应当由当事人自愿接受，而不能非法剥夺。股权转让应当在遵循公司自治规范的同时兼顾股东的意思自治。

应当对《公司法》第71条第4款中的章程做限缩解释，限于初始章程，而不包括修改后的章程。同样法理适用于限制股权转让中的多数决决议，限制股权转让除应当符合公司自治法理，还应当尊重股东的意思自治。股权转让的程序性规定实际上与股权处分权中的转让权有着千丝万缕的关系，对于前者与后者的限制应当遵循同样的法理，即在遵循公司自治规范的同时兼顾股东的意思自治。

第二章　有限责任公司章程限制股权转让的条文解释

案例分析

☞ **案例一　与公司法强制性规范冲突的公司章程条款无效**

——童某某等13人诉上海某化工有限公司确认决议无效纠纷案[1]

|基本案情|

原告：童某某等13人

被告：上海某化工有限公司

被告上海某化工有限公司登记股东为49个自然人，原告童某某等13名自然人系该公司的股东。2006年7月29日，被告召开股东会会议，讨论修改公司章程事宜。会议记录表明：应出席54100股，实际出席53891股，出席股东所持表决权占全部股权的99.6%；经表决，同意42451股，不同意11440股（其中13名原告的表决意见均为不同意），同意的比例为78.8%，不同意的比例为21.2%，同意的比例超过三分之二。

修改后引起争议的章程内容有：（1）第24条规定了自然人死亡后其股权的处置办法，其中第2项规定，合法继承人只继承部分股东权利（继承章程第25条规定的七项股东权利中的四项）和所有义务，第3项规定，继承人可以出席股东会，必须同意由股东会作出的各项有效决议。

---

[1] 案件索引：上海市浦东新区人民法院（2006）浦民二（商）初字第2800号民事判决书、上海市第一中级人民法院（2007）沪一中民三（商）终字第172号民事判决书。

（2）第25条第4项规定，按照出资比例分取红利，公司新增资本时，按照股东会决议可以优先认缴出资。（3）第29条规定，股东会作出有关公司增加或者减少注册资本，分立、合并、解散或者变更公司形式及修改公司章程的决议必须经出席会议的股东所持表决权的三分之二以上通过。（4）第41条规定，公司不设监事会，设监事一名，由公司工会主席担任。

原告认为，被告不顾原告的反对，操纵股东会强行通过《上海某化工有限公司关于修改公司章程的决议》。上述决议内容实质上是公司的少数大股东利用优势表决权，损害甚至剥夺其他股东的合法权益，达到其完全操纵公司的目的。由于上述章程条款内容违法而无效，且基于上述无效条款是章程的一部分，故原告起诉请求法院确认2006年7月29日通过的《上海某化工有限公司关于修改公司章程的决议》无效。

法院裁判及理由：

一审法院认为，公司章程是调整一个公司所有股东之间、股东与公司之间法律关系的必备性文件，它是股东意思自治的体现，但章程的自治性是相对的，它以不违反法律、行政法规强制性规定为前提。

1.关于被告章程第24条第2、第3项内容的效力问题。法院认为，《公司法》第76条规定："自然人股东死亡后，其合法继承人可以继承股东资格；但是，公司章程另有规定的除外。"因继受取得公司股东资格，允许公司章程另行规定的是对已故股东的继承人成为公司股东设置一定的限制条件,一旦约定继承人可以继承死亡股东的股东资格,则该继受取得资格的股东就应当依法享有法律所赋予的股东权利,而不应当对其股东权利加以随意限制。《公司法》第43条规定:"股东会会议由股东按照出资比例行使表决权;但是,公司章程另有规定的除外。"公司章程可以规定另外的行使表决权的方式,但并不能因此剥夺股东行使表决权的权利。现被告章程第24条第2、第3项显然剥夺了继承股东的上述权利,违反法律的规定,应当确认无效。

2.关于被告章程第25条第4项内容的效力问题。法院认为,《公司法》第35条规定:"股东按照实缴的出资比例分取红利;公司新增资本时,股东有权优先按照实缴的出资比例认缴出资。但是,全体股东约定不按照出资比例分取红利或者不按照出资比例优先认缴出资的除外。"有限责任公司的股东有权优先认缴公司新增资本,是为了维持现有公司的股权组成结构,维护现有股东的利益,但在有的情况下,考虑到有限责任公司的人合因素,可以不按照出资比例优先认缴出资,但必须要经过全体股东的约定。故被告章程第25条第4项的规定违反了上述法律的规定,应确认无效。

3.关于被告章程第29条内容的效力问题。法院认为《公司法》第44条规定:"股东会的议事方式和表决程序,除本法有规定的外,由公司章程规定。股东会会议作出修改公司章程、增加或者减少注册资本的决议,以及公司合并、分立、解散或者变更公司形式的决议,必须经代表三分之二以上表决权的股东通过。"由于公司修改公司章程、增加或者减少注册资本的决议,以及公司合并、分立、解散或者变更公司形式是公司的重大事项,故法律对于公司作出以上事项的决议有强制性规定,即必须经代表三分之二以上表决权的股东通过,不能通过公司章程或其他方式予以改变。现被告章程第29条的内容亦违反了法律对于公司上述事项法定表决方式的规定,亦属无效。

4.关于被告章程第41条内容的效力问题。法院认为,《公司法》第52条规定:"有限责任公司设立监事会,其成员不得少于三人,股东人数较少或者规模较小的有限责任公司,可以设一至二名监事,不设立监事会。监事会应当包括股东代表和适当比例的公司职工代表,其中职工代表的比例不得低于三分之一,具体比例由公司章程规定。监事会中的职工代表由公司职工通过职工代表大会、职工大会或者其他形式民主选举产生。"根据法律相关规定,有限责任公司设立监事会,其成员不得少于三人,股东人数较少或者规模较小的有限责任公司,可以设一至二名监事,不设立监事会。现本案被告注册资金达500多万元,且股东人数也较多,为保护公司和股东的利益,并便于全面了解公司的经营情况,真正起到对公司的监督作用,被告应当设立监事会。现被告不设监事会,仅设监事一名,显然与法律规定不符。根据法律对于监事会成员产生途径的规定,监事会应当包括股东代表和适当比例的公司职工代表,股东代表由股东会选举产生,职工代表由公司职工通过职工代表大会、职工大会或者其他形式民主选举产生。现被告通过公司章程的条款直接约定监事由公司工会主席担任,

第二章 有限责任公司章程限制股权转让的条文解释

本身违反了选举的程序。且由于工会会员是公司职工自愿申请并取得会员资格,并非所有职工都是工会会员,而作为职工代表的监事是由全体职工选举产生,故工会主席和职工代表监事的选举受不同法律调整,且两者的主体和范围亦不相一致。故讼争条款实际上剥夺了一部分职工(未加入工会的职工)依法享有的选举监事的权利。故原告提出的讼争章程第41条无效的主张成立。

由于被告对2006年7月29日《上海某化工有限公司关于修改公司章程的决议》的表决程序和方式没有异议,故除上述四条内容因违反法律规定而无效外,章程其余条款均依法有效,原告主张上述决议和章程全部无效无事实和法律依据,法院不予支持。一审判决结果:一、被告上海某化工有限公司2006年7月29日通过的《上海某化工有限公司关于修改公司章程的决议》中"上海某化工有限公司章程"第24条第2、第3项、第25条第4项、第29条、第41条的内容无效。二、对原告童某某等13人的其余诉讼请求不予支持。

宣判后,董某某等13名原告提起上诉,认为一审判决认定被告上海某化工有限公司章程部分修改条款因违法而无效,鉴于被依法确认无效的条款均属于公司法规定的公司章程的必备条款,因此,经修改的公司章程已经不符合法律规定,据此相应的股东会决议应属全部无效。综上,请求依法撤销一审判决,改判确认上海某化工有限公司于2006年7月29日作出的《上海某化工有限公司关于修改公司章程的决议》无效。

二审法院认为,《上海某化工有限公司关于修改公司章程的决议》涉及的内容是对上海某化工有限公司于 2002 年 6 月 18 日制定的公司章程进行修改,其召集、表决程序均符合法律规定。由于章程修改所涉及的第 24 条第 2、第 3 项、第 25 条第 4 项、第 29 条、第 41 条与现行法律相悖,故被依法确认无效。无效民事法律行为的后果和基本处理准则在于恢复原状,据此公司章程中第 24 条第 2、第 3 项、第 25 条第 4 项、第 29 条、第 41 条的修改内容不具有法律效力,相应条款仍应以上海某化工有限公司于 2002 年 6 月 18 日制定的公司章程为准。综上,童某某等 13 名上诉人的上诉理由不成立,二审不予采信。原审判决认定事实和适用法律正确,本院应予维持。驳回上诉,维持原判。

案例评析

1. 关于股东继承权的问题

股权可以继承,具有人身属性的除外。《民法典》第 1122 条规定,遗产是自然人死亡时遗留的个人合法财产。股权是一种独立的权利,兼具财产属性和人身属性。股东死亡后,新股东可以继承的股权分为财产权和身份权利。如果被继承的股东是普通股东,新股东只能继承财产权利,行使公司章程赋予的股东权利。如果被继承的股东是董事长、总经理等公司高层管理人员,新股东只能继承死亡股东的财产权利,而附带身份特征的董事长职务或总经理职务不能同时继承。新股东继承了死亡股东的股权,享有股东权利。公司的人合性决定了对新股东有所限制,中外股权限制理论均有迹可循。

第二章　有限责任公司章程限制股权转让的条文解释

2. 关于继受股东权利义务的问题

《公司法》第75条规定:"自然人股东死亡后,其合法继承人可以继承股东资格;但是,公司章程另有规定的除外。"《公司法》第42条规定:"股东会会议由股东按照出资比例行使表决权;但是,公司章程另有规定的除外。"对于公司的设立和治理,法律尊重公司自治和股东意思自治,一般不过多干预,法律把公司的人合性和资合性的空间留给公司章程。公司通过章程来约束股东的权利,股东的基本权利包括财产收益权、与公司有关的知情权等。股东的重大经营决策权以及选择管理者的权利不能被剥夺。本案修改后的公司章程第24条第2项规定,合法继承人只继承部分股东权利（继承章程第25条规定的七项股东权利中的四项）和所有义务;第3项规定继承人可以出席股东会,必须同意由股东会作出的各项有效决议。公司章程要求继受股东履行全部的股东义务的同时,未给与股东相应的权利,权利义务不对等不仅是《公司法》所不允许的,也是公司章程股东平等原则所不允许的,并且完全剥夺了股东的表决权。出于公司人合性的考虑,在制度安排上,在不违反公司法的强制性规范的前提下,股东意思在公司章程条款上有体现是被允许的,但不能与《公司法》的强制性规范冲突。《公司法》第76条和第43条允许公司章程按照意思自治选择公司治理方式,但《公司法》赋予股东的财产权利、参与公司治理的权利是股东的固有权利,公司章程不能随意剥夺。

3. 关于股权继承的问题

《公司法司法解释（四）》第 16 条规定："有限责任公司的自然人股东因继承发生变化时，其他股东主张依据公司法第七十一条第三款规定行使优先购买权的，人民法院不予支持，但公司章程另有规定或者全体股东另有约定的除外。"公司法规定因继承发生股权变动，其他股东不得行使优先购买权，保障继受股东依法获得股权。但公司章程特别约定的，让股东自治决定股权继承的限制，法律并不禁止，有些家族企业，为了保持家族企业"纯净"，在公司章程中规定"外姓"成员不得成为股东，或者即使成为股东，在行使权利方面也有所限制。

4. 关于股东的表决权问题

表决权又叫股东议决权，是股东在公司议事和表达意思的权利。当公司出现重大事项需要股东决策时，公司赋予股东权利，根据股东在公司的地位和占股比例对公司提出意见和建议。表决权的基本原则是股东平等原则。"一股一权"的原则或者按照出资比例作出一定的意思表示，是股东权的核心。《公司法》第 43 条规定："股东会的议事方式和表决程序，除本法有规定的外，由公司章程规定。股东会会议作出修改公司章程、增加或者减少注册资本的决议，以及公司合并、分立、解散或者变更公司形式的决议，必须经代表三分之二以上表决权的股东通过。"本案修改后的公司章程第 29 条规定，股东会作出的决议，须经出席会议的股东所持表决权过半数通过。但股东会作出有关公司增加或者减少注册资本，分立、合并、解散或者变更公司形式及修改公司章程的决议必须经出席会议的股东所持表决权的三分之二以上通过。《公司法》第43条的规定是强制性规定，公司章程关于表决权的规定不能与其冲突，否则无效。本案有限责任公司的经营规模小、人员少，更加体现公司的人合性及公司重大事项决策的灵活性，保障全体股东的知情权、决策权等是《公司法》第43条的立法本意。本案修改后的第29条规定与法律规定的"代表三分之二以上表决权"冲突，不能随意对法律的强制性规定进行扩大解释。

5.关于公司是否设立监事会的问题

公司中的董、监、高是公司治理结构必须具备的要件。《公司法》第51条第1款规定："有限责任公司设监事会，其成员不得少于三人。股东人数较少或者规模较小的有限责任公司，可以设一至二名监事，不设监事会。"监事会是对公司业务进行监督和检查的法定机构。根据《公司法》的规定，监事会应当包括股东代表和适当比例的公司职工代表，其中职工代表的比例不得低于三分之一，具体比例由公司章程规定。本案修改后的公司章程第41条规定，公司不设监事会，仅设监事一名，由公司工会主席担任。从表面上看符合法律规定，工会主席也是民主选举产生的，也能起到一定的监督作用。经审理查明，该公司股东49人，而有限责任公司法定股东人数上限为50人，该公司不属于股东人数较少或者规模较小的有限责任公司；公司年营业额超过百万，依法应当设立监事会。而且根据公司法的规定，监事是选举产生的，不能直接任命，而且工会主席的职责是代表职工维护职工利益，不是参与公司的经营监管，所以监事和工会主席在职责上有一定差别，选举适用的依据也不同。

6. 关于公司增资的问题

公司增资一般是为了在经营过程中获得更高的商业信誉及更多的商业机会而增加公司注册资本。公司增资纠纷一般是违反程序纠纷或者是增资优先认购权纠纷。《公司法》第34条规定："股东按照实缴的出资比例分取红利；公司新增资本时，股东有权优先按照实缴的出资比例认缴出资。但是，全体股东约定不按照出资比例分取红利或者不按照出资比例优先认缴出资的除外。"该条对股东认缴新增资本的方式及股东意思自治予以明确规定。本案争议的公司章程第25条第4项规定："按照出资比例分取红利，公司新增资本时，按照股东会决议可以优先认缴出资。"修改后的公司章程规定，股东可以按照股东会决议优先认缴出资，这条规定与《公司法》第34条相冲突。公司增资或减资，都属于公司重大事项，应维持公司的股权结构稳定。《公司法》规定按照实缴比例增资也是为了维持公司治理结构稳定。当然，公司的人合性决定公司及股东有灵活变通的权利，可以不按照实缴比例认缴出资，但是应当得到全体股东的同意。《公司法》第34条的但书部分作出严格的限制，为的是保障股权结构的稳定性和保护公司股东的信赖利益，无论是初始章程还是修改后的章程，都应当是全体股东共同意志的体现，本案修改后的章程规定按照股东会决议可以优先认缴出资，与《公司法》的需经代表三分之二以上表决权的股东通过之规定相冲突，可能会导致部分股东不能充分表达意思，公司股权发生变化会引起小股东的恐慌。

公司增减资是《公司法》规定的重大事项，公司表决权比例对公司章程来说是最低底线，只能高于法定，而不能与法律相冲突。

案例二 公司章程是公司内部治理的"宪章"
——南安市电力工程有限责任公司、南安市成功水利电力工程勘察设计有限公司诉永泰大樟溪界竹口水电有限公司公司决议效力确认纠纷案[1]

|基本案情|

原告：南安市电力工程有限责任公司（以下简称"电力公司"）

南安市成功水利电力工程勘察设计有限公司（以下简称"勘察设计公司"）

被告：永泰大樟溪界竹口水电有限公司（以下简称"水电公司"）

2016年9月9日，水电公司制作《关于召开水电公司董事会会议的通知》及《关于任命水电公司财务负责人的议案》，并通知了公司董事。2016年9月23日，5名公司董事均到会参加董事会会议。会议由董事长李某主持，以投票表决的方式对"关于解聘、聘任水电公司管理层的议案"进行表决。全体董事参与了投票，投票结果为：赞成3票，反对2票。董事会以多数通过的原则，形成了"聘任张某同志担任财务负责人，公司副总经理刘某某于董事会作出之日起7日内将负责保管的相关财务印鉴及支付工具移交给新任财务负责人张某"的相关决议，与会董事刘某、李某、胡某在董事会决议上签字确认。

---

[1] 案件索引：福建省永泰县人民法院（2016）闽0125民初1979号民事判决书、福州市中级人民法院（2018）闽01民终5284号民事判决书。

第二章 有限责任公司章程限制股权转让的条文解释

同日,水电公司向刘某某下发通知,通知内容为:"……依据公司法及公司章程规定,请公司副总经理刘某某自通知之日起7日内,将其负责保管的相关财务印鉴及支付工具移交给新任财务负责人张某,逾期产生法律后果,由本人承担。"电力公司、勘察设计公司认为该决议未达到公司章程规定的通过比例,故于2016年11月16日提起本案诉讼,请求确认水电公司于2016年9月23日作出的董事会决议不成立。

法院经审理查明:

被告水电公司于1999年登记成立,股东为3人:电力公司、勘察设计公司、国电电力福建某开发有限公司(以下简称"国电公司"),其出资分别占公司注册资本的25%、15%和60%。公司工商登记的董事为5人:董事长李某、副董事长李某某、董事兼总经理胡某、董事汤某某、董事刘某某。

另,水电公司章程第29条规定:"公司董事会实行集体决策,表决实行一人一票和多数通过的原则。董事会决议须经全体董事通过,并形成会议记录,出席会议的董事应当在会议记录上签名。"

一审裁判结果:福建省永泰县人民法院以商事活动应注重效率为由否定公司章程的规定,驳回电力公司、勘察设计公司的诉讼请求。

宣判后,电力公司、勘察设计公司不服,提起上诉。二审法院撤销一审判决,裁决水电公司董事会于2016年9月23日作出的关于任命水电公司财务负责人的决议不成立。

法院裁判及理由

二审法院认为：本案为公司决议（董事会决议）效力确认纠纷，其审查内容是争议的董事会决议在召开程序及表决方式上是否符合法律或公司章程的规定，因双方对董事会决议的召开程序不持异议，故法院仅须审查决议通过的表决方式是否存在不当之情形。由于水电公司系有限责任公司，而《公司法》除第48条关于"董事会的议事方式和表决程序，除本法有规定的外，由公司章程规定。董事会应当对所议事项的决定作成会议记录，出席会议的董事应当在会议记录上签名。董事会决议的表决，实行一人一票"的规定外，并未就有限责任公司的具体议事方式和表决程序作强制性限制规定。一审法院适用《公司法》第111条关于股份有限公司董事会决议表决程序的规定，存在错误，应予以纠正。

本案应以水电公司章程关于董事会议事方式和表决程序的具体规定为判断决议成立与否之依据，各方对董事会决议的表决通过比例存在争议，即对公司章程第29条关于"公司董事会实行集体决策，表决实行一人一票和多数通过的原则。董事会决议须经全体董事通过，并应形成会议记录，出席会议的董事应当在会议记录上签名"的规定产生分歧。该条款前句系约定董事会采用集体决策原则及一人一票的表决方式，后句则为具体的决议表决通过比例规定，即前者为原则性规定，后者为表决具体化，且决议由董事会全体董事通过，并不存在违反法律规定之情形，其相较多数通过只是在具体通过比例上要求更加严苛，亦符合董事会集体决策和多数通过之原则规定。

由于公司章程是公司股东共同合意制定，上述条款亦不能得出水电公司主张的"全体董事通过"实为"董事会决议应通知全体董事参加"的笔误之结论，故该抗辩缺乏依据，不予采信。诚然，水电公司章程的此种规定，可能导致只要有董事不同意公司的经营决策时，公司的决议决策机制即陷于僵局，但是此为水电公司各方股东的自愿约定，基于尊重公司内部治理意思自治原则，法院无权干预。一审法院以商事活动应注重效率为由否定该章程规定，于法无据，应予纠正。本案争议的董事会决议未经电力公司、勘察设计公司指派的董事同意通过，未达到公司章程第29条规定的决议由全体董事通过之表决比例，符合《最高人民法院关于适用〈中华人民共和国公司法〉若干问题的规定（四）》第5条规定的董事会决议不能成立的情形，故二上诉人主张案涉董事会决议不能成立的诉讼请求，应予支持。

案例评析

1. 公司的人合性决定公司内部事务由公司自治解决，法律不宜干涉过多。公司的外部事务通常由《公司法》强制性规范来规制，需要法律介入。近年来，随着商事事务不断发展，公司内部纠纷越来越多，股东身份确认、公司章程效力、股东会（董事会）决议效力等诸多纠纷不断出现。司法权介入公司内部事务的程度也需要公司法及其司法解释予以明确规定。

2. 公司章程是全体股东的契约和自治依据。股东权益保护、重大事项决策、人事任免等事项都应当遵循公司章程的规定。公司章程是公司内部的"宪章"。因此，法院对公司章程的形式以及条文内容进行必要的审查，当公司章程与公司法的强制性规范未有冲突时，公司章程是股东议事方式和表决程序有效与否的根据。经过依法审查，本案公司章程并未违反《公司法》，并明确规定"董事会决议需经全体股东通过"。公司章程是全体股东共同意志的体现，不可排除股东固有的权利，公司内部事务可由股东自主处理。本案中，股东共同约定议事规则要经全体董事通过才发生效力，且未与《公司法》及司法解释相冲突，应当按照公司章程执行。

3. 近年来，有关公司内部治理的纠纷逐年增加。与公司章程有关的司法解释更详细，法律对公司内部治理的干预界限越来越清晰。公司章程既不能与《公司法》强制性规定冲突，也不能过于宽松。因此，《公司法司法解释（四）》为股东会（董事会）决议的异议纠纷提供了明确的法律依据。

《公司法司法解释（四）》第5条规定："股东会或者股东大会、董事会决议存在下列情形之一，当事人主张决议不成立的，人民法院应当予以支持：（一）公司未召开会议的，但依据公司法第三十七条第二款或者公司章程规定可以不召开股东会或者股东大会而直接作出决定，并由全体股东在决定文件上签名、盖章的除外；（二）会议未对决议事项进行表决的；（三）出席会议的人数或者股东所持表决权不符合公司法或者公司章程规定的；（四）会议的表决结果未达到公司法或者公司章程规定的通过比例的;(五)导致决议不成立的其他情形。"根据该条第4项规定,本案董事会决议3票通过2票反对,未达到公司章程要求的需"全体董事通过",不符合公司章程的规定,决议不成立。

二审法院撤销了一审法院以商事活动应注重效率为由否定公司章程的判决,肯定了公司章程在公司内部的地位,肯定了合法的公司章程的效力,对公司意思自治给予尊重和保护,司法干预公司决议的程度恰到好处,既保护了公司在市场经济活动中的自由度,也对优化营商环境起到积极示范作用。

第三章　有限责任公司章程限制股权转让的相关制度分析

需要明确的是，本书主要讨论公司章程所作的比《公司法》第 71 条第 2、第 3 款更为严格的股权转让条件限制规定（比如要求对外转让股权需经全体股东的同意）是否合理，以及违反该章程规定产生的相关法律效果。与第 2、第 3 款不同的是，第 4 款是关于股权转让的约定限制，前者属于法定限制。依体系解释，第 4 款的约定限制除了应当比第 2、第 3 款规定的限制条件更严格，还应当符合第 2、第 3 款的立法精神。因此，有必要结合第 2、第 3 款限制股权转让的效力来阐述和论证第 4 款的效力。其中，主要讨论公司章程的性质、股权的性质、同意的限制、优先购买权的效力等问题。

一、公司章程的性质

公司法授权公司章程对股东转让股权进行合理限制对稳定股权结构、股东顺利退出公司、减少交易成本与提高效率有重要意义。

公司章程限制股权转让是 2005 年《公司法》修订时首

次增加的条款，既是《公司法》的重大突破，又是《公司法》理论在观念上的质的提升。相应的问题是，法律赋予公司章程在股权转让上的意思自治，其对外有何效力，会引发哪些相应的法律后果。但在此之前，我们需要明确其内部性质与效力如何。

公司章程是公司生存、发展的"根本大法"，因此，研究公司章程的性质具有重要的法律意义。公司章程的性质影响股权转让的效力，可能导致"同案不同判"。因此，对于章程性质的认定不仅具有学理意义，还有实践意义。

大陆法系国家和英美法系国家有不同的观点，形成诸多学说，诸如契约说、自治法说、宪章说、权力法定说、秩序说等，以下只对有代表性的契约说和自治法说予以论述。

（一）契约说

契约论学者认为，在中世纪的欧洲出现了一种新型的贸易主体即公司，由于公司的自身特点，人员要自治、资本要联合、交易风险需要规避，公司特许设立之前，在地中海沿岸出现了现代公司的三种雏形，船舶共有、康枚达契约和家族企业。从这些雏形的出现可以得出公司章程具有自主性的特点。[1]

契约说起初基于契约自由理论。相应地，公司章程理论来源于公司合同理论。以民法的合同理论来解释公司章程性质，把公司章程看成公司合同的一部分，公司的合同

---

[1] 吕铖刚、陶镜玄：《公司章程契约说初探》，载《法制与社会》2013年第19期。

性质必然决定着公司章程的性质。[1]公司章程具有契约性质,把公司看做是由一系列合同束组成的客体。[2]契约的性质来源于章程,是发起人共同意思的成果[3],是股东之间、股东与公司之间达成的契约。[4]

契约本身要求缔约人对于协议有真实的意思表示,以及缔约方就协议内容达成意思一致。这在程序上保障了每个协议人的参与权,以此来保障协议内容符合缔约人的真实意愿,尤其在该协议对缔约人的权利作出限制、对义务进行放大、对责任进行加重时。

反观章程的修改一般都是采用多数决而非全体一致同意的方式,换言之,只有那些经全体一致同意的章程符合契约原理,而以多数决形式达成的章程遵循的是少数服从多数原则。因此,章程中的多数决与契约说要求的缔约当事人基于自由而成的意思表示达成一致有着根本不同。[5]或者说,"契约说并非完全将章程等同于一般契约"[6]。

(二)自治法说

自治法说学者认为,公司章程是在国家强制力规范指导下制定的旨在平衡股东权益的公司内部根本法。公司的

---

[1] 董慧凝:《公司章程自由及其法律限制》,法律出版社2007年版,第69—70页。
[2] 胡国威:《美国公司法》,法律出版社1999年版,第152—153页。
[3] 参见赵旭东:《公司法学》,高等教育出版社2015年版,第123页。
[4] 参见施天涛:《公司法论》,法律出版社2014年版,第124页。
[5] 参见金鼎:《公司章程之效力与界限》,元照出版有限责任公司2014年版,第28页。
[6] 钱玉林:《公司法实施问题研究》,法律出版社2014年版,第140页。

第三章 有限责任公司章程限制股权转让的相关制度分析

经营、管理、议事方式、人事任免等都不能与公司章程相抵触,也不能与法律规定相抵触。如果发生适用问题,日本法律规定"审理商事纠纷时,如果有商事自治法,应当首先适用之"。上述特点,来自日本和部分大陆法系学者的主张。[1]

自治法学者同样肯定公司章程的地位。公司章程具有自治法性质。公司章程被定性为约束公司内部组织机构日常生活及运营的自治规章,韩国学者甚至把公司章程认为是公司法的渊源。[2]基于公司自治,公司的重大事项的决定程序、表决方式、规章制度都不能逾越公司章程的规定。[3]

公司章程是公司自治性质的根本规则是我国学界和实务界的通说观点。[4]公司章程是对公司内部关系进行规范的规则,因而是一种自治性规则。[5]公司章程是根据设立协议记载的必要事项,对全体股东具有约束力的调整公司经营管理行为的公司内部组织关系的自治规则。

"在我国,学术界和实务界倾向于认为公司章程是公司自治性质的根本规则。公司章程是发起设立公司的投资者就公司的重要事务及公司的组织和活动作出的具体规范性的长期安排,这种安排体现了很强的自治性。违反公司章程,表现为对内部自治规则的违反,当然应当承担相应的

---

[1] 黄伟、程俊杰:《试论公司章程的性质》,载《知识经济》2011年第23期。
[2] 参见[韩]李松哲:《韩国公司法》,吴日焕译,中国政法大学出版社2000年版,第8页。
[3] 参见周友苏:《新公司法论》,法律出版社2006年,第196页。
[4] 参见赵旭东:《公司法学》,高等教育出版社2015年版,第123页。
[5] 参见施天涛:《公司法论》,法律出版社2014年版,第125页。

责任。"[1]

自治法说从公司法人的社团性出发，认为公司章程是在法律强制性规范指导下订立的对公司内外活动都有约束力的自治法，其特点在于效力位阶低于法律强制性规定。[2]公司章程是公司内部组织及活动的基本准则，但公司章程的规定同样不能超越《公司法》的规定。

然而，《公司法》第71条第4款规定公司章程优先于《公司法》，使得《公司法》第71条前3款关于股权转让的规定并非具有强制性效力。基于公司自治原理，完全可以将《公司法》第71条前3款作为章程的指示性内容。自治法视角下的公司章程虽不符合合同中真实意思表示达成一致的理论，但公司章程对于公司及全体成员都有约束力。

根据《公司法》第11条[3]的规定，公司章程是设立公司必须具备的法律文件。公司章程对公司内部成员具有约束力。因此，似乎我国关于公司章程的规定，更接近公司章程作为自治法的性质。

（三）评析与小结

契约说和自治法说都具有自治性特点。[4]

无论是契约性质的章程还是自治法性质的章程都是为

---

[1] 最高人民法院民事审判第二庭编著：《最高人民法院关于公司法解释（三）、清算纪要理解与适用》，人民法院出版社2014年版，第35页。
[2] 参见金鼎：《公司章程之效力与界限》，元照出版有限责任公司2014年版，第25—26页。
[3] 《公司法》第11条规定："设立公司必须依法制定公司章程。公司章程对公司、股东、董事、监事、高级管理人员具有约束力。"
[4] 参见赵旭东：《公司法学》，高等教育出版社2015年版，第123页。

第三章 有限责任公司章程限制股权转让的相关制度分析

公司自主治理服务。有所差别的是，契约说注重每个股东的自由意志，而自治法说并非要求公司章程必须符合每个股东的自由意志。因此，在讨论公司章程性质的时候应当对公司章程是否真正地尊重每个股东的个人意志进行类型化具体分析。因此，有学者主张应当区分公司章程进而分析其与公司股东意志之间的关系。[1]公司章程限制股权转让的内容尤为重要，有必要对公司章程进行类型化分析。

在公司设立之前，公司的发起人为成立公司签订的投资协议并非公司章程，而是发起人协议，其法律属性为合伙协议。公司成立后，公司章程"承继"了发起人协议中的权利与义务，或者实际已经履行了协议中的权利与义务，则发起人协议转化为公司初始章程。该协议约束设立公司的发起人，对全体发起人具有约束力。

在公司成立之后，公司章程又分为初始章程和修改后的章程即修改后的章程。初始章程是在工商部门登记的，具有契约性质的公司章程，对全体原始股东具有约束力。虽然后加入公司的股东没有参与原始公司章程的制定，但基于有限责任公司的人合性特点，可以认定后加入股东成为公司成员可以视为对公司章程所规定的权利义务表示同意。从一开始所有人协商同意达成的协议，到后加入的股东单个地表明其接受初始章程的约束，整个过程都表明各

---

[1] 参见叶林：《公司法研究》，中国人民大学出版社2008年版，第215页；钱玉林：《公司章程对股权转让限制的效力》，载《法学》2012年第10期；宁金成：《有限责任公司设限股权转让效力研究》，载《暨南学报（哲学社会科学版）》2012年第12期。

个股东都自愿接受初始章程，而不存在被动接受或提出保留意见的情况。

换言之，初始章程是符合所有股东个人意愿或自治意思的。依照《公司法》第43条第2款[1]的规定，修改公司章程应当由代表三分之二以上表决权的股东通过。这意味着不要求取得全体股东的一致同意即可制定或修改限制股权转让的公司章程。依契约说和自治法说，任何公司章程都符合自治法说，都对公司内部有拘束力，但并非任何公司章程符合契约说，并非都能够约束公司中的任何股东。

在公司存续期间，"形式意义上公司章程指记载公司组织和活动规则的书面文件；实质意义上公司章程是指规范公司的组织和活动，特别是公司、股东、董事、监事等经营者之间的权利义务关系的根本准则"[2]。前者是社会公众获取公司信息的重要法律文件，后者是公司维持资合性和人合性，以及保持和谐稳定的股权结构的重要依据。无论何种意义上的公司章程，在不违背法律、行政法规的前提下，可根据公司的具体要求进行个性化设计，合理限制股权转让、保证资本流动、创造社会财富。无论是形式上还是实质上的公司章程，在限制股权转让方面都有拘束力。

股权自由转让是股东自由处置财产的前提条件，也是股东自由经营活动的体现。公司章程限制股权转让应当立

---

[1]《公司法》第43条第2款规定："股东会会议作出修改公司章程、增加或者减少注册资本的决议，以及公司合并、分立、解散或者变更公司形式的决议，必须经代表三分之二以上表决权的股东通过。"

[2] 刘俊海：《公司法学》，北京大学出版社2013年版，第67页。

足于股东个人的自由意志，这样才具有正当性。因此，坚持公司章程修改多数决形式的自治法说要求公司范畴的行为主体都会受到公司章程的约束，这就造成自治法说与股东意思自治规则相违背。

笔者提倡契约说中当事人就意思表示达成一致的原理，但是考虑到公司自治效率追求，要求其应当符合限制股东股权转让正当性法理而改变多数决形式，采用一致通过的形式有点本末倒置。但是在限制股权转让的特殊问题上，公司章程应当作出相应的特殊安排，除了限制股权转让的公司章程条款应当具有合法性与合理性，还应当格外重视股东的个人自由意志。

总结而言，契约说和自治法说都符合公司的自治性，但是两者的差异是前者更注重各个股东的真实自由意志，后者往往采用多数决的形式而不必然要求股东一致同意。但是限制股权转让实际上是为了公司利益限制个人利益，是对股东自由意志的限制，公司章程在这方面应当符合程序上的正当性。公司章程中初始章程采用股东一致同意方式，修改章程有的是采用多数决方式，有的是采用股东一致同意方式，在是否完全尊重股东个人意志上存在差异。

二、股权的性质

股权是股东固有的权利，《公司法》规定公司设立的条件之一是股东共同出资达到最低注册标准。股东因向公司投资而享有股东权利，公司因有资本而对外承担有限责任。股权是法律或公司章程赋予股东的权利，股东有权获得公司经济收益并参与公司经营管理，股权可以转让。关于股权的观点，总结如下：

（一）股权是一种财产权

"股权的性质在本质上应属于财产权，股东投资公司的目的在于获取利润，而表决权、知情权、建议质询权等只是股东参与公司管理、更好获取利润的一种技术性手段。"[1]可见，此观点认为股东的身份地位等都服务于股权的财产性质，因而股权是财产权。下面就与股权财产权性质有关的所有权说、债权说论述之。

1.所有权说

股权所有权说主要用来解释国家（股东）与企业（公司）的关系。国家资产投入到公司，国家是股东，同时公司对其资产享有所有权。如此一来，股权既属于国家（股东）所有，同时也属于公司所有。[2]此两种所有权有位次顺序，并不矛盾。股权所有权说没有破坏一物一权规则，没有丧失国家所有权。[3]股东会决议是全体股东共同意志的体现，股东会不能因公司是财产所有权人而否定其决议效力。

股权所有权说是中国特定历史时期的产物，有其缺陷。股权所有权说是在经济体制改革时期，为公司所有权与经

---

[1] 宁金成：《有限责任公司设限股权转让效力研究》，载《暨南学报（哲学社会科学版）》2012年第12期。
[2] 参见范健主编：《商法》（第四版），高等教育出版社2013年版，第172页。
[3] 参见王利明：《论股份制企业所有权的二重结构》，载《中国法学》1989年第1期。

营权分离而倡导的观点。涉及国有成分的股权转让，须经特别程序审批，其目的是防止国有资产流失。凡是涉及国有股权转让的，契约原则与行政审批权力的博弈往往倾向于行政权力，法治价值观与社会价值观的选择交由法院来决定。

2. 债权说

股权债权说认为，公司资产源于股东投资。公司是公司资产所有权主体。公司独立主体的性质决定公司对公司财产享有占有、使用、收益、处分等权利。而公司股东以自有资本投资成为公司股东，投资款投入公司后转化为公司财产，股东不能自由支配，股东所持股权实际上已转化为债权。[1]

股东关注的是从公司分得股息与红利的多少，至于公司的经营与管理，随着公司所有权与经营权相分离，现代企业制度削弱了股东的公司重大决策权和管理者选择权，公司权益几乎变为债权请求权。[2]股权债权说实际上也分割了股权本身具有的除对公司享有请求权外的其他权利，不能反映股权的支配性特点。

实际上，债权说抑或物权说都以股权是一种纯粹的财产性权利作为理论前提，这就有可能忽视了股权中更为重要的人身利益，或许将股权视为一种综合性权利较为合理。[3]将股权仅仅认定为一种财产权利，而忽视其人身属

---

[1] 参见郭峰：《股份制企业所有权问题的探讨》，载《中国法学》1988年第3期。
[2] 参见范健主编：《商法》（第四版），高等教育出版社2013年版，第173页。
[3] 参见周游：《股权利益分离机制下隐名出资问题之再阐释》，载《北方法学》2015年第1期。

性，不将其认定为与财产权具有同等地位，这种观点实际上未能正面看待股权应当包括的全部权利内容。

（二）股权兼具财产属性和人身属性

在股权性质讨论中，有学者将股权的人身性特点完全忽视或者认为人身性权利是为财产性权利服务的，从而得出股权仅仅是财产权的结论，并与债权或物权混同。

实际上，"股权是股东因出资而取得的、依法定或公司章程规定的规则和程序参与公司事务并在公司中享受财产利益的、具有转让性的权利"[1]，是一种自成一体的独立权利。

股权，又称股东权，有广义和狭义之分，前者指股东得向公司主张的各种权利，后者仅指股东基于股东资格依据公司法和公司章程而享有的从公司获取财产利益并参与公司治理的权利。[2] 股权主要包括获取经济利益权（股利分配请求权、剩余财产分配请求权、新股优先认购权）、参与公司经营管理权（表决权、知情权）和诉讼权，实际上表明股东权利本身就兼具财产属性和人身属性。[3] 股权是一种既具财产性质又具非财产性质的权利，是与物权、债权比肩而立的新型民事权利。[4] 可见，与过去股权为单一财产权利的认识相比，学界认为股权不再是单一的权利，

---

[1] 参见江平、孔祥俊：《论股权》，载《中国法学》1994年第1期。
[2] 参见刘俊海：《现代公司法》（第三版），法律出版社2015年版，第273页。
[3] 参见蔡元庆：《股权二分论下的有限责任公司股权转让》，载《北方法学》2014年第1期；施天涛：《公司法论》，法律出版社2014年版，第255—270页。
[4] 参见刘俊海：《现代公司法》（第三版），法律出版社2015年版，第274页。

而是一个权利束。

由于股权属商法范畴,同时也属民法的所有权、债权范畴,其内涵更具复杂性。股权兼具财产属性和人身属性,类似建筑物区分所有权,实际上是一项独立的权利,不同于所有权、建筑物区分所有权,更不同于物权、债权、知识产权。至于以社员权来表明其身份性质,比较恰当,但社员权本身的偏身份性表征似乎会掩盖股东权利中的财产性权利。

笔者认为,完全可以将股权认定为一种独立的权利,也无须给予其特殊的性质标签,股权就是股权,其本身包含财产性权利和人身性权利,且形态多样化。股权独立于物权与债权,作为一种特殊权利形态,它是指股东针对公司财产按其持股份额享有的权利,既包含财产因素,又包含人身因素。[1] 股权是私权,同时也是财产权、资本权,其权属性质较为复杂,目的和手段结合、团体和个体统一、请求权和支配权并存、资本性和流动性兼具。

股权中的人身属性在有限责任公司中表现得更为突出,其涉及股东与其他股东、股东与公司之间的信赖关系和利益关系。有限责任公司章程出于保护这种更为紧密、特殊的关系,从而限制股权的转让,以此尽可能避免股权中人身属性发生改变。从这点来看,有限责任公司章程限制股权转让在一定程度上和股权本身的人身属性有关联。

---

[1] 参见罗培新:《抑制股权转让代理成本的法律构造》,载《中国社会科学》2013年第7期。

三、同意的限制

《公司法》第71条第2款规定了股权对外转让需要其他股东过半数同意。因此有观点认为，公司的其他股东有在转让股权的股东请示对外转让股权时的同意权。[1]有学者反对此观点，认为同意仅仅是股权对外转让的一道程序，将其认定为权利不符合拒绝同意要承担购买股权义务的特点。[2]其他股东的同意实际上不仅包括对该股东退出公司股东群体的表决，还包括是否同意第三人加入股东群体。因此，同意虽是一道股权转让程序，却起到了举足轻重的作用。

一般而言，公司章程规定比过半数同意更为严格的同意程序更具合理性。但是，这并非意味着公司章程限制股权转让的同意程序可以超出合理性范畴。比较合理的做法是在附加同意限制的同时，提供股权流通渠道。[3]

《公司法》第71条规定不同意的股东应当购买该转让的股权，实际上就提供了比较好的示范。公司章程通过同意来限制股权对外转让时，此做法值得借鉴。

四、优先购买权的效力分析

股东享有优先购买权的前提是股权对外转让。法律为

---

[1] 参见王艳丽：《对有限责任公司转让股权制度的再认识》，载《法学》2006年第10期；段威：《有限责任公司股权转让时"其他股东同意权"制度研究》，载《法律科学》2013年第3期。
[2] 参见陈彦晶：《有限责任公司股权转让限制制度研究》，法律出版社2017年版，第54页。
[3] 参见陈彦晶：《有限责任公司股权转让限制制度研究》，法律出版社2017年版，第121页。

第三章　有限责任公司章程限制股权转让的相关制度分析

了给公司内部股东一个优先购买股权的机会而专门设计了优先购买制度，一是维持公司既有的股东信赖关系，限制股权对外转让，二是顺带给转让股权的股东提供退出公司的机制。只有在内部股东不购买转让股权的情况下，公司外部第三人才有机会购买股权成为继受股东。

《公司法》第71条第3款规定了股东优先购买权的程序性规定。法律为保护公司股东控制权和巩固公司内部人合性而特别为股东设计的权利，是公司内部股东的"特殊待遇"。股东优先购买权的性质，直接影响股东优先购买权的效力，即股东行使优先购买权是否一定能实际受让股权、转让股权的股东与公司外部第三人之间的股权转让合同的效力如何认定。

（一）学说争议

目前关于股东优先购买权性质的学说，主要是形成权说与请求权说，还有期待权说等。

1. 形成权说

股东优先购买权属于特别法上的形成权，[1]但股东可以通过公司章程予以排除。[2]优先购买权不要求股东之间签订合同，一经行使，股权转让合同成立，符合形成权特征。[3]形成权权利人一般无须征得义务人或者第三人的同

---

[1] 参见胡晓静：《论股东优先购买权的效力》，载《环球法律评论》2015年第4期；叶林：《公司法研究》，中国人民大学出版社2008年版，第225页。
[2] 胡晓静：《论股东优先购买权的效力》，载《环球法律评论》2015年第4期。
[3] 参见陈彦晶：《有限责任公司股权转让限制制度研究》，法律出版社2017年版，第78页。

意,法律关系即发生变化。股东优先购买权的主要效力在于依据股东的意思表示成立股权转让合同。"股东优先购买权不仅是使优先权人获得购买拟转让股权的机会,更要优先于公司外的第三人获得股权本身,进而保持公司既有的股东结构,这便是股东优先购买权的制度价值所在。"[1]因而股东优先购买权在权利特征上属于形成权。

在商事法律关系中,为维持公司的人合性,法律特别授予股东优先购买权,只要确认股东身份,形成权应然成立。通常法院裁判时不仅要考虑股东身份,还要考虑"同等条件"因素(实际上,股东优先购买权与优先购买资格是有区别的),股东能否实际获得转让股权还须考察"同等条件"的限制因素。

《公司法司法解释(四)(征求意见稿)》第24条[2]对股东优先购买权的"同等条件"的界定,似乎为裁判优先购买权案件提供了一个统一的标准,且主张优先购买的应当是全部股权,而不是部分。

2. 请求权说

享有优先购买权的股东请求转让股东与其订立股权转让合同,享有优先购买权方相当于"要约方",出让方相当于"诺承方"。该说认为,"优先购买权附属于某种基础法律关系而存在,法律设定该项权利,只是对特定相对人所

---

[1] 胡晓静:《论股东优先购买权的效力》,载《环球法律评论》2015年第4期。
[2] 《公司法司法解释(四)(征求意见稿)》第24条规定:"公司法第七十一条第三款所称的'同等条件',应当综合股权的转让价格、付款方式及期限等因素确定。有限责任公司的股东向股东以外的人转让股权,其他股东主张优先购买部分股权的,不予支持,但公司章程另有规定的除外。"

增加的义务，应当看做是基础法律关系（债权关系）的组成部分。优先购买权人请求，出卖人承诺，所以优先购买权本质上应属于债权性质的权利，与要约无异"[1]。

也有学者认为，在同等条件下受让方与出让方达成的股权转让合同具有强制性，[2]这种观点降低了优先购买权的效力。股东的优先购买权与第三人的请求权，两者均为请求权，效力上没有高低之分。况且，作为请求权的股东优先购买权的行使依赖于出让股权股东为一定的行为，这实际上将交易的主导权交由出让股权股东。

3. 期待权说

期待权何时发生、权利人何时行使权利均处于不确定状态。期待权说认为，以物权为基础的形成权和以债权为基础的请求权都不是股东优先购买权的性质，以社员权为基础的期待权才是股东优先购买权的性质。[3]股东对公司未来可能的股权转让有所期待，因此要求法律给予保护。但是，作为以社员权为基础的期待权其在效力上能否对抗第三人的请求权不无疑问。

综上，考虑股东之间原有的信赖关系，维护公司的人合性，股东优先购买权应当具有形成股权转让合同的形成权效力。

---

[1] 马新彦、张晓阳：《优先购买权的法律性质——兼论优先购买权在未来民法典中的定位》，载《辽阳公安司法管理干部学院学报》2004年第3期。

[2] 参见易军、宁红丽：《合同法分则制度研究》，人民法院出版社2003年版，第198页。

[3] 参见郑彧：《股东优先购买权"穿透效力"的适用与限制》，载《中国法学》2015年第5期。

（二）侵害股东优先购买权的合同的效力

在股东优先购买权宜定性为形成权的情况下，侵害股东优先购买权的股权转让合同的效力属于效力待定、无效、有效还是可撤销，便值得思考。

有学者认为，该合同应当是可撤销的合同。"倘若某股东向非股东转让股权时未尊重老股东同意权与优先购买权，则股权转让合同为可撤销。"[1]

还有一些学者认为该合同有效或者一般为有效。"股东优先购买权的行使不应对转让人与第三人之间的股权转让合同的效力构成影响。首先，合同效力应依法确认，优先购买权不构成合同效力的影响因素……虽然公司章程可以对股权对外转让作出限制性规定，但该限制仅能对股权权属的变动即股权转让合同的履行构成影响，最终达到维护既有股东结构的目的，而不应该违反合同自由原则，干涉当事人的合同自治。"[2]"没有满足其他股东优先购买权的股权转让合同一般是有效的，但需考察受让人的善意状态，非善意的即无效。"[3]

还有学者认为该合同无效。"此类合同应当属于无效合同，因为该合同违反了《公司法》的强制性规定。"[4]"如

---

[1] 刘俊海：《论有限责任公司股权转让合同的效力》，载《暨南学报（哲学社会科学版）》2012年第12期。
[2] 胡晓静：《论股东优先购买权的效力》，载《环球法律评论》2015年第4期。
[3] 曹兴权：《股东优先购买权对股权转让合同效力的影响》，载《国家检察官学院学报》2012年第5期。
[4] 赵艳秋、王乃晶：《特殊情况下有限责任公司股权转让合同效力的认定》，载《学术交流》2010年第4期。

第三章　有限责任公司章程限制股权转让的相关制度分析

果股东转让股权时，拒绝了其他股东以同等条件的购买请求，侵害了其他股东的优先购买权，或者股东与受让人串通，虚报成交价格，使得其他股东未能优先购买，而侵害了其优先购买利益的，股权转让合同应为无效。"[1]《公司法司法解释（四）（征求意见稿）》第27条[2]也规定了侵害股东优先购买权的股权转让合同无效的情形。

笔者认为，即使股权转让合同侵害股东优先购买权，但只要不存在其他不符合合同法有效规定的情形，如意思表示不真实、无权代理、违反效力性强制性规定、欺诈、胁迫等，该合同实属有效。其理由：

第一，股东优先购买权为形成权，但其只因股东的意思使股东之间的股权转让合同成立并生效，使股东之间的股权转让关系成立，并不使股东与第三人之间的法律关系消灭。且优先购买制度足以保护股东权益，而无须通过让股东与第三人之间的股权转让合同无效或可撤销来维护有限责任公司的人合性及保护股东的权益。

第二，依合同相对性和合同自由原则可以认定股东与

---

[1] 叶金强：《有限责任公司股权转让初探》，载《河北法学》2005年第6期。
[2]《公司法司法解释（四）（征求意见稿）》第27条规定："有限责任公司的股东向股东以外的人转让股权，有下列损害其他股东优先购买权的情形之一，其他股东请求确认转让合同无效的，应予支持：（一）未履行公司法和司法解释规定的程序订立股权转让合同；（二）其他股东放弃优先购买权后，股东采取减少转让价款等方式实质改变公司法和司法解释规定的同等条件向股东以外的人转让股权；（三）股东与股东以外的人恶意串通，采取虚报高价等方式违反公司法和司法解释规定的同等条件，导致其他股东放弃优先购买权，但是双方的实际交易条件低于书面通知的条件。转让合同被认定无效后，其他股东同时请求按照实际交易条件购买该股权的，应予支持。受让人交易时善意无过失，请求股东承担赔偿责任的，应予支持。"

第三人之间的股权转让合同有效。股东与第三人之间的合同应当独立于股东优先购买权,而不受此形成权的影响,这符合合同相对性原理,且尊重股东与第三人的合同自由。

第三,不应当将《公司法》第71条第2、第3款中关于股东优先购买权的规定认定为强制性规定。如前所述,在第4款规定公司章程优先于《公司法》的情况下,实际上前3款的规定转化为任意性规范中的示范性规范。此外,"既然有限责任公司股东优先购买权已经不是一种保护公共利益的权利,有限责任公司股东优先购买权规范不再是绝对性强制规范,甚至不再是强制性规范了"[1]。同样地,在有限责任公司人合性足以受到保护的情况下,不必要设置强制性规定,徒增诉讼。

第四,将股东与第三人之间的股权转让合同认定为有效比认定为无效、可撤销更有利于保护第三人的利益。在认定为有效的情况下,第三人可以主张违约责任,而在认定为无效或可撤销的情况下,第三人只能主张缔约过失责任。相较而言,违约责任更有助于保护第三人的权益。《公司法司法解释(四)(征求意见稿)》第27条第2款后句将可以主张损害赔偿的第三人限定为交易时善意无过失的第三人,并且只能主张缔约过失责任而非违约责任。这种规定实际上对交易的第三人不公平。

将股东与第三人之间的股权转让合同认定为无效还有一个考量因素在于,纯粹意思主义模式下,一旦合意生效

---

[1] 曹兴权:《股东优先购买权对股权转让合同效力的影响》,载《国家检察官学院学报》2012年第5期。

即意味着股权发生变动。第三人有权依据合同请求更改章程和股东名册。

笔者认为，在有限责任公司维护公司人合性以及注重公司在股权转让中地位的情况下，完全可以借鉴物权变动与合同效力区分原则，将股权的变动和股权转让合同的效力区别开来，股权的变动需更改股东名册与工商登记，才产生对抗公司与第三人的效力，与物权公示原则相类似；股权转让合同仅在双方当事人之间产生约束力，对公司及其他股东、第三人不产生对抗效力。股权转让合同的效力依《合同法》一般原理进行判断，至于是否发生股权变动应当结合公司章程具体规定以及《公司法》第71条第2、第3款的示范性规范进行判断，如果侵害股东优先购买权，或未遵守《公司法》和相关司法解释的规定，那么股权不发生变动。

五、小 结

公司章程同时具有契约性与自治性二元性质。无论是契约性质的章程还是自治法性质的章程，都是为公司自主治理服务。有所差别的是，契约说注重每个股东的自由意志，而自治法说并非要求必须符合每个股东的自由意志。因此，在讨论公司章程性质的时候应当对公司章程是否真正地尊重每个股东的个人意志进行类型化具体分析。

公司章程中，初始章程采用股东一致同意方式，修改章程有的是采用多数决方式，有的是采用股东一致同意方式，在是否完全尊重股东个人意志上存在差异。限制股权转让实际上是为了公司利益限制个人利益，是对股东自由意志的限制，公司章程在这方面应当符合程序上的正当性。将股权仅仅认定为一种财产权利，而忽视其人身属性，不将其认定为与财产权具有同等地位，这种观点实际上未能正面看待股权应当包括的全部权利内容。

股权是独立的权利，兼具财产属性和人身属性。股权中的人身属性在有限责任公司中表现得更为突出，其涉及股东与其他股东、股东与公司之间的信赖关系和利益关系。比较合理的做法是在附加同意限制的同时，提供股权流通渠道。

《公司法》第71条规定不同意的股东应当购买该转让的股权，实际上就提供了比较好的示范。股东优先购买权具有形成股权转让合同的效力。其他股东只有在"同等条件"的限制下才能实际受让股权。

优先购买权虽然是形成权，但其只因股东的意思使股东之间的股权转让合同成立并生效，使股东之间的股权转让关系成立，并不使股东与第三人之间的合同无效，使两者之间的买卖合同关系消灭。应当将股权的变动和股权转让合同的效力区分开来。股权转让合同的效力依合同法一般原理进行判断，至于是否发生股权变动应当结合公司章程具体规定以及《公司法》第71条第2、第3款的示范性规范进行判断，如果侵害股东优先购买权，或未遵守《公司法》和相关司法解释的规定，那么股权不发生变动。

第三章 有限责任公司章程限制股权转让的相关制度分析

案例分析

☞ 案例一 超过除斥期间，股东优先购买权法律不予保护

——深圳市某投资有限公司、宁波某通信技术有限公司等股权转让纠纷案[1]

|基本案情|

上诉人（原审原告）：深圳市某投资有限公司（以下简称"投资公司"）

被上诉人（原审被告）：宁波某通信技术有限公司（以下简称"通信公司"）

被上诉人（原审被告）：宁波某集成科技有限公司（以下简称"集成公司"）

被上诉人（原审被告）：徐某某

被上诉人（原审被告）：蔡某

投资公司向一审法院起诉请求：1. 确认通信公司与徐某某签署的《股权转让协议》无效；2. 确认通信公司与蔡某签署的《股权转让协议》无效；3. 投资公司对通信公司对外转让的集成公司的61％股权享有优先购买权，由投资公司按照同等条件即转让价约24935181.14元〔(36789611.52＋4087734.61)×61％〕优先购买通信公司在集成公司的61％股权。

一审法院认定事实：

---

[1] 案件索引：浙江省宁波市鄞州区人民法院（2021）浙0212民初1960号民事判决书、浙江省宁波市（2021）浙02民终1739号民事判决书。

2016年1月29日,投资公司与通信公司签订《股权转让协议》,约定:通信公司将其持有的集成公司100%股权中的39%股权转让给投资公司,转让价款为人民币1594万元,一次性支付,居间费3206万元由投资公司承担;从付清所有的股权转让款、居间费用之日起,投资公司实际行使作为公司股东的权利,并履行相应的股东义务;从协议生效之日起,投资公司按其所持股权比例依法分享利润和分担风险及亏损;双方应配合公司尽快办理有关股东变更的审批手续,并办理相应的工商变更登记手续。协议签订后,当日,投资公司向通信公司转账股权转让款1594万元。之后,又通过他人向徐某某支付居间费3206万元。2016年5月20日,投资公司与通信公司召开股东会,重新选举了集成公司的执行董事、监事及总经理,并通过了公司章程。投资公司作为股东在决议上签字。公司章程确认投资公司、通信公司为集成公司的股东,分别占注册资本的39%和61%,但一直未办理工商变更登记手续。

2017年6月16日,通信公司与徐某某签订《股权转让协议》一份,约定通信公司将其持有的集成公司注册资本的90%股权以3678.961152万元转让给徐某某,徐某某在2017年6月30日前将转让款支付给通信公司;同日,通信公司与蔡某签订《股权转让协议》一份,约定通信公司将其持有的集成公司注册资本的10%股权以408.773461万元转让给蔡某,蔡某在2017年6月30日前将转让款支付给通信公司。同日,集成公司形成《股东决定书》,确认徐某某、蔡某为集成公司的股东,变更公司类型为私营有

第三章　有限责任公司章程限制股权转让的相关制度分析

限责任公司,并于 2017 年 6 月 19 日办理了工商变更登记手续。此后三个月左右,投资公司即知晓了上述股权转让情况及集成公司在工商登记中的股东变更情况。另查,宁波市中级人民法院于 2020 年 11 月 3 日作出(2020)浙 02 民终 3361 号民事判决确认投资公司享有集成公司股东资格,股权份额为 39%;徐某某、蔡某在集成公司的 35.1%、3.9% 股权(合计 39%)已变更登记到投资公司名下。

法院裁判及理由

一审法院认为,最高人民法院关于公司法的相关司法解释规定,有限责任公司的股东向股东以外的人转让股权,未就其股权转让事项征求其他股东意见,或者以欺诈、恶意串通等手段,损害其他股东优先购买权,其他股东主张按照同等条件购买该转让股权的,人民法院应当予以支持,但其他股东自知道或者应当知道行使优先购买权的同等条件之日起 30 日内没有主张,或者自股权变更登记之日起超过 1 年的除外。本案中,通信公司与徐某某、蔡某之间的股权转让事项和股权变更登记发生在 2017 年 6 月,投资公司在 2017 年 9 月即知道了该股权转让事项及股权变更登记情况,但投资公司并未在知道股权转让事项后 30 日内主张优先购买权,且股权变更登记至今已超过 1 年,投资公司在本案中主张通信公司与徐某某、蔡某之间于 2017 年 6 月 16 日签订的《股权转让协议》无效并要求实现股权优先购买权,已超过法定的期间。投资公司表示当时通信公司告知其徐某某、蔡某是代持股份,对此,投资公司没有提交相关证据予以印证,难以认定。投资公司的诉讼请求,于法无据,作出如下判决:驳回投资公司的全部诉讼请求。

宣判后,投资公司不服,上诉至浙江省宁波市中级人民法院。

二审法院认为,根据《公司法》第71条及相关司法解释的规定,有限责任公司的股东向股东以外的人转让股权,应当经其他股东过半数同意;经股东同意转让的股权,在同等条件下,其他股东享有优先购买权。同时,《最高人民法院关于适用〈中华人民共和国公司法〉若干问题的规定(四)》第21条对于公司股东未就其股权转让事项征求其他股东意见,或者以欺诈、恶意串通等手段,损害其他股东优先购买权的情形作出解释,即公司股东存在此种不法转让股权情形,其他股东主张按照同等条件购买该转让股权的,人民法院应当予以支持。但同时,基于稳定公司法律关系之目的,该解释限定了该种情形下公司其他股东行使优先购买权的期限要求,即"其他股东自知道或者应当知道行使优先购买权的同等条件之日起30日内没有主张,或者自股权变更登记之日起超过1年的除外"。本案中,通信公司与徐某某、蔡某之间的股权转让事项和股权变更登记发生在2017年6月,投资公司在2017年9月即知道了该股权转让事项及股权变更登记情况,但投资公司并未在知道股权转让事项后30日内主张优先购买权,且股权变更登记至今已超过1年,在此情形下,一审法院认定投资公司在本案中主张案涉《股权转让协议》无效并要求实现股权优先购买权,已超过法定的期间,并无不当。同时,投资

第三章 有限责任公司章程限制股权转让的相关制度分析

公司主张当时通信公司告知其徐某某、蔡某是代持股份，也未提交充分证据予以证明。投资公司的上诉请求不能成立，一审法院认定事实清楚，适用法律正确，判决驳回上诉，维持原判。

案例评析

1. **股东优先购买权是限制股权外流的制度设计**

《公司法》第71条规定了股东对内转让、对外转让股权的条件。股东向股东以外的人转让股权，应就其股权转让事项首先书面通知其他股东征求意见，同等条件下，公司内部股东有权优先购买。不同学者在理论上对股东优先购买权的性质有不同的认识。无论是请求权说、期待权说，还是形成权说，归根结底是平衡各方利益，达到公司资合性和人合性的统一，确保公司股权结构最大限度的稳定。

《公司法》第71条规定股东优先购买权的法律模式是：法律规定与公司章程排除。股东转让股权，有两个以上股东主张行使优先购买权的，协商确定各自的购买比例，协商不成的，按照转让时各自的出资比例行使优先购买权。通信公司向投资公司转让所持股权39%，并已实际履行，其与投资公司同是集成公司的股东，通信公司持股61%，投资公司持股39%，因通信公司股权转让没有通知投资公司，直接损害了投资公司在同等条件下的股东优先购买权。

法院裁决并没有否认投资公司的股东优先购买权，该公司的问题焦点是已经知晓集成公司股权有变动，损害了自身的股东优先购买权，而没有在法律规定的除斥期间主张权利，属自动放弃法律救济途径，导致诉求被驳回。

2. 关于隐名股东问题

按照《公司法》第31条、第32条的规定，有限责任公司应当履行下列义务：设立后应当向股东签发出资证明书，载明股东的姓名、缴纳的出资额以及出资日期；公司内部应当置备股东名册，记载股东姓名、出资额等事项；公司将股东姓名向登记机关报备。但是在现实的经济生活中，出于各种各样的原因考虑，有时实际出资人并没有向登记机关登记报备，出现了"名义股东"和"隐名股东"的情形。顾名思义，"隐名股东"相对于按照公司的法定程序登记的并未出资的名义股东，是公司的实际出资人。《公司法》中并没有关于隐名股东的明确规定，《最高人民法院关于适用〈中华人民共和国公司法〉若干问题的规定（三）》第25条、第26条规定了隐名股东的权利和义务。隐名股东虽然在股东身份的证明、登记上存在欠缺，但是，基于契约精神，其在公司经营管理过程中享有的股东权利和应承担的义务等同于名义股东。例如，名义股东将自己名下的股权质押，隐名股东（实际出资人）请求确认质押无效，若无权处分人（名义股东）造成隐名股东损失，根据《民法典》第311条的规定，隐名股东可以追偿。本案投资公司通过《股权转让协议》获得集成公司39%的股权，并已经实际履行，虽未进行工商登记，但经过法律程序确认股权转让合法有效，承认了实际股东的权利义务。

3. 关于股东优先购买权的通知义务

股东多是通过股权转让退出公司。《公司法》第71条规定了股东转让股权的法定义务是以书面通知形式征求其他股东意见，通知到达其他股东满30日未答复视为同意转让。本案转让公司未有通知行为，违背法律的强制性规定。实践当中，对送达的方式及通知的内容有不同认识。《公司法》第 72 条及《公司法司法解释（四）》第 22 条中的"书面通知""通知""同等条件"等均根据法律、司法解释确定。

随着世界科学技术不断发展，商事活动日益频繁，程序上的规定也应与时俱进。除了法律规定的书面通知，其他的能够证明确实送达相对人的通知，不论何种方式，都应当被法律所尊重。

案例二 司法解散公司需具备法定条件

——湖南某建材有限公司
与被申请人某钢铁集团有限公司、
一审第三人香港某建材有限公司
公司解散纠纷案[1]

|基本案情|

再审申请人（一审被告、二审被上诉人）：湖南某建材有限公司（以下简称"建材公司"）

被申请人（一审原告、二审上诉人）：某钢铁集团有限公司（以下简称"钢铁集团"）

一审第三人：香港某建材有限公司（以下简称"香港建材"）

钢铁集团与香港建材设立建材公司。钢铁集团持股40%，香港建材持股60%。经营期限为2006年9月4日至2056年9月3日，主营范围为生产销售矿渣水泥。水渣是生产矿渣水泥不可或缺的原材料。依据二股东签订的《合资合同》，钢铁集团保证履行水渣供应义务。由于受市场环境影响，水渣平均市场价格远远高出约定的4元每吨的价格（上涨约十倍）且供不应求，钢铁集团已无法保证按照约定向建材公司供应水渣。

自2011年始，公司股东双方因水渣供应量及价格发生

---

[1] 案件索引：湖南省娄底市中级人民法院（2018）湘13民初542号民事判决书、湖南省高级人民法院（2020）湘民终580号民事判决书、最高人民法院（2021）最高法民申1689号民事裁定书。

矛盾，多年来没有达成一致意见。香港建材于2013年10月16日向中国国际经济贸易仲裁委员会提出仲裁申请并获得赔偿。自2016年3月1日开始，建材公司已被停止供应水渣，同年8月底，建材公司全面停产。

钢铁集团于2018年9月27日以公司权力运行机制严重失灵、公司经营管理严重困难、股东利益受损为由，向一审法院起诉请求解散建材公司。

一审法院以湖南省娄底市中级人民法院（2018）湘13民初542号民事判决驳回钢铁集团解散公司的诉求；钢铁集团不服提出上诉，二审法院以湖南省高级人民法院（2020）湘民终580号民事判决撤销一审判决，裁判解散建材公司；建材公司不服，向最高人民法院申请再审，最高人民法院以（2021）最高法民申1689号民事裁定书维持二审判决，驳回建材公司再审请求。

法院裁判及理由

一审法院认为：本案为公司解散纠纷，争议焦点主要为建材公司是否具备公司解散的条件。本案不存在公司持续两年以上无法召开股东会或者股东大会和股东表决无法达到法定或约定比例，持续两年以上不能作出有效股东会决议的情况。而事实上，在本案起诉之前约1个月的2018年8月20日，各董事包括原告钢铁集团委派的两位董事均签字确认收到开会通知，虽后来钢铁集团董事未实际参加会议，但应仍认定建材公司可以按公司章程规定召开董事会并作出有效决议，不能因此而认定建材公司已陷入董事会僵局。公司管理机制并未因失灵而造成经营管理严重困难。且事实上目前导致建材公司停产的根本原因应是股东钢铁集团未履行其与股东香港建材签订的《合资合同》及《修正案》中所约定的按既定价格及数量供应原料的义务,参照《中华人民共和国合同法》第45条"当事人为自己的利益不正当地阻止条件成就的,视为条件已成就;不正当地促成条件成就的,视为条件不成就"之规定,本案亦不宜以公司经营管理严重困难、股东利益受损为由解散建材公司。钢铁集团起诉要求解散建材公司并不符合法定的公司司法解散事由,其诉讼请求缺乏事实和法律依据,对其诉讼请求,不予支持。依照《公司法》第180条、第182条,《最高人民法院关于适用〈中华人民共和国公司法〉若干问题的规定(二)》第1条之规定,判决如下:驳回原告钢铁集团的诉讼请求。

二审法院认为:本案系公司解散纠纷。被请求解散的建材公司是由钢铁集团和香港建材在我国内地以有限责任公司形式设立的企业,其中,香港建材系为在香港特别行政区注册的公司,依据《中华人民共和国涉外民事关系法律适用法》第14条,《公司法》第2条、第217条,以及《最高人民法院关于适用〈中华人民共和国涉外民事关系法律适用法〉若干问题的解释(一)》第19条的规定,在我国内地设立的外商投资的有限责任公司之解散纠纷应当适用中华人民共和国法律作为解决纠纷的准据法。各方当事人对于本案适用我国内地法律解决争议均无异议,本院依法予以确认。关于建材公司是否经营管理发生严重困难,法院认为公司经营管理发生严重困难并非仅指公司业务经

第三章　有限责任公司章程限制股权转让的相关制度分析

营发生严重困难，而应当从公司组织机构的运行状态进行综合分析，且侧重点在于审查公司权力运行是否存在严重的内部障碍、股东会或董事会是否因矛盾激化而处于僵持状态、一方股东是否无法有效参与公司经营管理。建材公司为中外合资企业，董事会是该公司最高权力机关，香港建材和钢铁集团均以委派董事的形式对建材公司进行经营管理。即便发生全面停产的重大事项，公司也未召开董事会商议如何解决，充分说明公司董事长期冲突，权力决策机制长期失灵，无法解决公司经营管理的重大事项。公司能否解散取决于公司是否存在僵局以及是否符合《公司法》第182条规定的解散条件，而不取决于公司僵局产生的原因和责任。从建材公司的经营情况来看，公司僵局形成后，公司经营即陷入停产模式，处于持续亏损状态，主要生产设备已因长期闲置而生锈腐蚀，股东投入长期无法得到回报，利益严重受损。现公司的持续性僵局已经穷尽其他途径无法化解，如公司存续，各股东权益只会在僵持中逐渐耗竭。相较而言，解散公司能为双方股东提供退出机制，避免股东利益受到不可挽回的重大损失，钢铁集团坚持建材公司解散的条件已经成就。故判决：一、撤销湖南省娄底市中级人民法院（2018）湘13民初542号民事判决；二、建材公司于本判决生效之日起解散。

再审法院认为：受市场环境的影响，自2011年以来，建材公司的两方股东（钢铁集团和香港建材）因水渣供应问题即产生了严重分歧，致使公司生产经营受到影响，但直至2016年8月公司全面停产，2018年钢铁集团向法院起诉要求解散建材公司等一系列重大事项发生，始终无法通过董事会就水渣问题形成有效处理决议，公司正常生产经营受到严重影响的状态一直无法得以解决。虽然建材公司于 2015 年 12 月、2018 年 9 月召开了两次董事会，但并未涉及公司治理等重大问题。2013 年至 2015 年，香港建材两次向中国国际经济贸易仲裁委员会申请仲裁，要求钢铁集团履行合同、赔偿损失，钢铁集团亦于 2018 年 9 月向人民法院提起诉讼要求解散建材公司。可见钢铁集团的水渣供应问题引发了建材公司双方股东之间的严重分歧和信任危机，人合性上的矛盾致使其内部决策和经营管理机制在重大事项决策上无法发挥作用，实际已形成"公司经营管理发生严重困难"的局面。建材公司已于 2016 年 8 月全面停产，自此无法再通过生产经营活动产生新的价值收益，如该公司继续存续，不仅无法使各股东设立公司的期待利益得到满足，反而会使股东的合法权利及利益受到持续损害，进而遭受更大的损失。本案中建材公司主张从市场购买水渣原材料即可恢复生产，但自 2011 年即产生矛盾持续至今未予解决，可见，该方式并非解决建材公司经营困难的有效途径。而本案进入诉讼程序之后，一审及二审均从慎用司法强制解散公司的角度出发，给予各方当事人充分发表调解意见的权利，但经过多轮调解，各方当事人始终未能就公司继续存续的解决方案达成一致意见。人民法院对于公司应否解散的审查重点为是否已形成"公司经营管理发生严重困难"的局面，只要公司经营管理严重困难的局面已经形成即应视为公司解散条件之一已成就。故，建材公

第三章　有限责任公司章程限制股权转让的相关制度分析

司股东之间已经丧失共同经营管理公司的信任基础，形成"公司经营管理发生严重困难"的局面，亦无法通过其他方式解决公司生产经营的核心资产来源问题，若维持现状，必将使股东利益受到持续的损害。因此，建材公司符合通过司法程序解散公司的条件，驳回建材公司诉求，维持二审判决结果。

案例评析

这是一起因公司股东发生信任危机、公司陷入僵局请求解散公司的典型案例。

1. 有限责任公司具有人合性特征

有限责任公司与股份有限责任公司相比，具有人员少、股东和股东之间较为熟悉和信任的特点。《公司法》第24条规定，有限责任公司由50个以下股东出资设立。立法者设立50人上限的意图在于维持有限责任公司股东之间的人合性，担心股东人数越多，相互之间团结合作程度越弱。

从长远看，股东人数上限似可删除，立法者可将股东人合性问题留待股东自行识别与解决。日本2005年《公司法典》一举废除了有限责任公司制度，股东上限随之土崩瓦解。[1]

对于有限责任公司的特征，学界有不同理解。一种观点认为有限责任公司强调人合性，设立公司人数有上限限制，股权对内、对外转让有严格的公司章程限制，股东参与公司治理，股东变动对公司影响较大；另一种观点认为

---

[1] 刘俊海：《公司法学》，北京大学出版社2008年版，第41页。

有限责任公司强调资合性，公司股本都是股东出资，参与决策的股东多数以"资本决"方式决定公司重大事项，治理结构发生重大变化，是利益各方充分博弈的结果；还有一种观点，认为有限责任公司是一种人合性和资合性混合的产物。人合性离不开资合，资合性同样离不开人合，但偏重于资合性。

本案建材公司是由钢铁集团和香港建材设立的公司，钢铁集团持股40%，香港建材持股60%。公司经营过程中，因水渣市场价格与双方合同价格差距较大，二股东始终没有达成协议，香港建材向钢铁集团索赔损失，申请中国国际经济贸易仲裁委员会两次仲裁均胜诉，且不放弃未来继续追究钢铁集团的合同责任，而钢铁集团也向法院提起诉讼要求解散公司。建材公司的股东发生不可逆转的信任危机，公司治理出现僵局。

2. 对《公司法》第182条解散公司法定实体条件的分析

《公司法》第182条规定："公司经营管理发生严重困难，继续存续会使股东利益受到重大损失，通过其他途径不能解决的，持有公司全部股东表决权百分之十以上的股东，可以请求人民法院解散公司。"

本案应当从以下三个方面评析建材公司应当解散的法定事由。第一，公司经营管理发生严重困难；第二，不解散公司将造成股东投入消耗殆尽，甚至损失更加惨重；第三，已穷尽其他解决途径。

本案建材公司董事会是最高权力机构，设5名董事。《企业章程》规定决策表决权结构构成为香港建材委派3名

第三章 有限责任公司章程限制股权转让的相关制度分析

董事,钢铁集团委派 2 名董事。无论采用"人数决"还是"资本决"方式,在公司治理结构上香港建材占绝对优势,从公司股东双方表决权博弈考量,钢铁集团无论出席董事会与否,其参与经营管理公司的权利可以被排除。由于市场行情变化,钢铁集团无法履行与香港建材订立的合同,该问题是建材公司经营严重困难的导火索。

《公司法》第 182 条规定的公司经营管理发生严重困难是指公司内部治理结构发生冲突,股东分歧较大,公司董事会没有一致决议,公司权力机构处于失灵状态,进而导致生产经营困难、经济亏损,机器设备闲置生锈,公司无法重新启动创造新价值、生产经营没有恢复可能,持续维持已无必要,只能使股东遭受更加惨重的损失,而且已经穷尽所有解决途径但股东之间不能达成一致。通过司法程序解散公司,应当是较为严厉的方式,一般法院审慎对待。解散公司要求的"经营管理发生严重困难",与公司生产经营策略失误而导致的财务危机不同。

另一个角度分析,生产经营困难致公司没有必要继续维系下去的法定解散事由为,公司生产经营没有恢复的可能,而无须探讨造成公司经营困难的原因和责任。若需要追究导致公司经营困难的责任,则可以另案处理。《最高人民法院关于适用〈中华人民共和国公司法〉若干问题的规定(二)》第 1 条第 2 款明确规定了知情权、利润分配请求权等权益受到损害,或者公司亏损、财产不足以偿还全部债务,以及公司被吊销企业法人营业执照未进行清算等,均不是人民法院裁判解散公司的法定事由。而该条第

1款细化规定的四种情形才是公司解散的法定事由：(一)公司持续两年以上无法召开股东会或者股东大会，公司经营管理发生严重困难的；(二)股东表决时无法达到法定或者公司章程规定的比例，持续两年以上不能做出有效的股东会或者股东大会决议，公司经营管理发生严重困难的；(三)公司董事长期冲突，且无法通过股东会或者股东大会解决，公司经营管理发生严重困难的；(四)经营管理发生其他严重困难，公司继续存续会使股东利益受到重大损失的情形。

本案公司自2015年起就没有就水渣问题开过董事会，更没有董事会决议。董事之间、股东之间矛盾突出，导致股东人合性遭遇信任危机，直接影响公司经营管理，多年来也没有一个切实有效的解决办法，即已穷尽替代性解决途径，公司没有维持下去的必要。

3. 公司解散之诉的原告主体资格

《公司法》第182条规定，持有公司全部股东表决权百分之十以上的股东，可以请求人民法院解散公司。而《最高人民法院关于适用〈中华人民共和国公司法〉若干问题的规定（二）》第1条规定，单独或者合计持有公司全部股东表决权百分之十以上的股东，是合格的诉讼主体。如果对提起诉讼的股东没有限制的话，那么任何股东都可以提起公司解散诉讼，将不利于公司的稳定和发展，对于公司的利害关系人也没有益处。

世界各国对股东参与解散公司的诉讼均有不同规定。与大陆法系国家相比，英美法系国家对股东尤其是中小股东的救济更加完备。1948年,《英国公司法》针对"压制行为"提出救济,后形成不公平损害制度。《美国示范商业公司法》中也作出了应股东请求诉讼解散公司的规定。在日本,判决解散规则也规定了符合条件的股东可以提起解散公司的诉讼。我国《公司法》借鉴国外将持股比例限制在10%以上,是出于既保障公司治理结构稳定,又维护股东利益的立法目的。随着公司法的发展,相信公司解散之诉的主体范围将更加宽泛且门槛也会降低。

第四章　公司章程限制股权转让的效力

有限责任公司股权转让的情形因原因和对象不同而有所不同，出现协议转让股权、司法强制执行而发生的股权变动、企业合并、分立等原因导致股东变化，以及原股东死亡发生继受股东继承股权等纷繁复杂的股权变动情形，公司章程限制股权转让的效力大体分为对内效力和对外效力。在一个有效的公司章程出台后，其规则效力如何，违反该规则的合同是否有效，以及股权是否发生变动等问题，都有待分析和厘清。

一、对内效力

股权在内部转让不发生新股东加入的情形，只是股东的持股比例会发生变化。公司原有的人合性没有受到影响。

《公司法》第71条第1款规定，有限责任公司的股东之间可以相互转让其全部或者部分股权，《公司法》尊重公司的人合性，不会干涉过多。但是一旦股权结构发生变化，意味着公司内部权力机构发生变化，公司章程成了各方股东权力博弈的内部依据。因此，《公司法》第71条第4款规定，公司章程对股权转让另有规定的，从其规定，赋予

第四章 公司章程限制股权转让的效力

公司章程内部"宪章"效力。

毫无疑问，公司章程有初始章程和修改后的章程之分。后续公司章程哪怕并非经全部股东一致同意，在征得不同意的股东的认可、尊重其真实意思情况下，限制股权转让的公司章程条款应当对公司所有内部人员产生约束力。限制股权转让的公司章程条款在有效的程序下通过后，即使部分股东不同意，保留其意见，该条款在内部仍然有效力，只是该条款不能约束保留意见的股东。但是，保留意见的股东在转让股权时依然要受到法定的限制股权转让规则的约束。对其而言，没有优先于公司法的公司章程作为相关规范，公司法相关规定便具有指引力和拘束力。

公司在股权转让中往往通过公司章程来发挥作用。股权成为股东和公司联系起来的纽带。如果缺乏公司的参与，股权最终变动将不能完成。公司在股权转让过程中具有独立的地位。《公司法》规定了公司参与股权转让的权利。例如，股东的表决权、表决程序和方式，《公司法》第42条、第43条均有规定，公司章程可以排除适用。

此外，工商变更股权登记证明公司在股权转让过程中占有重要地位。转让方与受让方虽签订股权转让协议，但是协议的成立与生效并不等于股权发生变动。公司章程是在《公司登记管理条例》《公司法》的规范下制定的。公司股权结构发生变化，股权最终具有对抗第三人的效力，其关键程序是变更工商登记。公司章程规定转让股权需要公司填写股权变更登记申请书、申请表，工商机构不接受个人申请。

由此可以看出，公司在股权变动中占有重要地位。"公司章程有权对股权转让作出另外规定，相当于直接确认了公司对于股权转让的审查权。对于违反公司章程规定的股权转让，公司当然拒绝办理股权变更登记。"[1]

关于股权变动的模式，主要有两种观点。一种观点是形式主义。[2]股权变动生效除股权转让合同生效外，类似于物权的公示效力，需要变更股东名册。形式主义下的股权变动生效分为两个阶段，一是股权转让合同生效，二是股权变动后须更改股东名册。另一种观点是意思主义。[3]股权变动的效力以股权转让合同的生效时间为准。股权转让不以股东名册的变更登记为生效要件。股东名册未记载股东或者遗漏股东，不影响股东资格，因为公司拒不作股东变更登记或登记错误，属于履行义务不当，不产生剥夺股东资格的效力。股权转让不仅涉及处分股权的股东利益，还涉及其他股东和公司的利益，因此仅依双方合意发生股权变动的意思主义违背《公司法》第71条的立法宗旨，轻视公司的独立人格。[4]

债权形式主义模式可能会阻碍当事人的合同自由、放任出让人的短期行为、将受让人置于不利的法律地位，纯粹意思主义模式忽视公司的独立权利主张与利益诉求，且

---

[1] 叶林：《公司在股权转让中的法律地位》，载《当代法学》2013年第2期。
[2] 参见赵旭东：《股权转让与实际交付》，载《人民法院报》2002年1月25日，第3版。
[3] 李建伟：《公司法学》，中国人民大学出版社2008年版，第313页。
[4] 参见徐强胜：《股权转让限制规定的效力》，载《环球法律评论》2015年第1期。

与现实运作存在差距。股权变动应采修正意思主义模式,即在纯粹意思主义模式框架中嵌入公司受通知与认可程序,借此来厘清股权转让中出让人、受让人与公司三方之间的关系,平衡各方利害关系人的利益。[1]对此,笔者从之。

为了保障公司在股权转让中发挥作用,笔者认为,不应采用意思主义。而修正意思主义模式更有利于公司的介入,保障有限责任公司的人合性,维持股东之间的信赖关系,从而维护公司利益。

二、对外效力

公司原有股东意图将股权转让于公司股东之外的第三人而引起公司章程对外效力的探讨。转让有多种原因,诸如有新股东加入、发生继承等。公司原有的股东平衡可能被打破,影响股东之间的信赖利益关系。对于涉公司之外的其他主体,法律要维护交易安全、维护经济秩序,所以要给予干涉。例如,《公司法司法解释(四)》第16条规定:"有限责任公司的自然人股东因继承发生变化时,其他股东主张依据公司法第七十一条第三款规定行使优先购买权的,人民法院不予支持,但公司章程另有规定或者全体股东另有约定的除外。"由此看出,公司章程对公司之外第三人能否获得权益具有重要影响。

所谓对外效力,即对公司之外第三人的效力。有学者

---

[1] 李建伟:《有限责任公司股权变动模式研究》,载《暨南学报(哲学社会科学版)》2012年第12期。

认为,"公司章程只约束公司内部人,对于公司外部人,如债权人或者其他任何第三人不发生拘束力"[1]。"这种限制仅具有内部效力,即在公司关系中产生约束力,其对外是无涉的。"[2] 也有学者认为,公司章程不能对抗善意第三人,该善意第三人无须对公司章程尽知晓义务。[3] 从另一个角度看,公司章程对非善意第三人有对抗效力。

一般而言,公司章程对第三人是否发生效力有赖于第三人是否知道或应当知道公司章程,而这又依赖于公司章程的对外公示。"股权转让限制必须采用一定的方式公示,以便交易相对人能够知悉,不能因强调对于有限责任公司人合性的保护而忽视对交易第三人利益的保护,忽视交易安全。"[4] 因此,公司章程中限制股权转让的条款应当记载清楚并且登记公示,以便第三人查询。并且,应当注明对公司章程限制股权转让条款持保留意见的股东,以让第三人知晓该股东转让其股权时应当受章程规定的限制条件约束还是受法律规定的限制条件的约束。

相应的问题是,作为交易相对人的第三人是否承担查询公司章程的义务。持肯定意见的学者认为,"公司外第三人不能简单地以对公司章程相关规定不知情作为逃避责任的理由。当然,这必须以实践中具有良好的通过查询公司章程以维护自身合法权益的法治氛围以及公司外第三人

---

[1] 施天涛:《公司法论》,法律出版社2014年版,第133页。
[2] 徐强胜:《股权转让限制规定的效力》,载《环球法律评论》2015年第1期。
[3] 参见施天涛:《公司法论》,法律出版社2014年版,第133页。
[4] 参见陈彦晶:《有限责任公司股权转让限制制度研究》,法律出版社2017年版,第135页。

第四章　公司章程限制股权转让的效力

依法拥有畅通的了解公司章程内容的途径为重要前提"[1]。"既然法律明文规定了其他股东享有优先购买权，那么受让有限责任公司股权的股东就应当关注该转让合同签订过程中其他股东是否同意、是否得到通知、是否放弃优先购买权等基本信息。"[2]

持反对意见的学者认为，"公司章程无权为第三人设定义务，第三人也不负审查公司章程的义务"[3]。"除非相对人明知或应知公司章程有该项规定，否则，公司章程的这种限制对交易相对人不发生法律效力，原因在于交易相对人没有查阅公司章程的义务。"[4]

在非善意取得情况下，笔者认为，第三人是否有查询义务以及其是否查询章程中的限制股权转让条款全凭其意思自治，法律不宜为其设定相关义务。毕竟，是否查询公司章程限制股权转让条款并不会成为其与股东之间股权转让合同的效力判断依据，也不会影响该合同的效力。有所影响的是，第三人获得股权的期望是否能够顺利实现，以及转让人违约责任承担的轻重。

"依据《合同法》第52条的规定，第三人为恶意的主观状态并不是导致合同无效的原因。但是，第三人的恶意

---

[1] 段威：《有限责任公司股权转让时"其他股东同意权"制度研究》，载《法律科学》2013年第3期。
[2] 曹兴权：《股东优先购买权对股权转让合同效力的影响》，载《国家检察官学院学报》2012年第5期。
[3] 宁金成：《有限责任公司设限股权转让效力研究》，载《暨南学报（哲学社会科学版）》2012年第12期。
[4] 奚庆、王艳丽：《论公司章程对有限责任公司股权转让限制性规定的效力》，载《南京社会科学》2009年第12期。

却与合同无法履行的结果之间存在一定的关联,其应当承担由此产生的不利后果。"[1]况且,"在公司章程登记之情形,与公司交易之相对人未必知悉登记情形与真实状态之差别,此时对相对人而言更可能产生登记不实之风险。盖就交易相对人而言,其与其他第三人相同,均非属公司的'内部人'(包括公司本身及其股东等),从而对于章程登记之繁复事项亦难以期待其进行巨细靡遗之查询"[2]。因此,第三人是否应承担查询章程中限制股权转让条款的义务并无实际法律意义。

公司章程对第三人发生效力并非通过章程的公示以及让第三人履行相关查询义务来达成。公司章程限制股权转让条款对第三人发生效力实际上是通过限制转让股权的股东来实现的。换言之,公司章程的对外效力实际上是通过对内效力来实现的。

三、违反公司章程限制股权转让条款的法律后果

关于股东违反公司章程限制股权转让条款签订的股权转让合同的效力,存在以下观点。

第一种观点,主张将合同效力与股权变动区分开来,合同一般有效。"如果转让股东没有遵守该程序和要求,则其即使与第三人签订了股权转让合同,该合同对于公司和其他股东也是没有意义的,公司可以不为受让方办理股权

---

[1] 胡晓静:《论股东优先购买权的效力》,载《环球法律评论》2015年第4期。
[2] 参见金鼎:《公司章程之效力与界限》,元照出版有限责任公司2014年版,第86—87页。

变动手续，其他股东也无需对转让合同提出任何异议，更不需要行使什么撤销权。"[1]"即便第三人知晓公司章程对股权转让的限制，只要不存在恶意串通损害他人利益的情形，这种合同仍然有效。"[2]"股权转让合同原则上自合同成立之时起生效，除非法律法规明文规定批准或登记生效要件。合同生效时间不同于合同项下股权的变动时间。不得以股权变动尚未发生为由否认股权转让合同的效力。"[3]

第二种观点，认为违反公司章程限制股权转让条款的合同无效。"股东违反公司章程而与他人订立的股权转让合同，宜认定为无效合同……将违反公司法和公司章程的股权转让合同认定为无效合同，在实践中也比较容易操作，有利于简化法律关系。"[4]

第三种观点，认为违反公司章程限制股权转让条款的合同可撤销。"该类合同为可撤销合同，因为若一味认定无效，其他股东甚至转让双方均可以请求确认合同无效，不利于交易稳定，甚至出现恶意损害善意第三人利益的情形。"[5]

第四种观点，认为违反公司章程限制股权转让条款的合同效力待定，且须判断受让人主观善意与否。"在受让人

---

[1] 徐强胜：《股权转让限制规定的效力》，载《环球法律评论》2015年第1期。
[2] 宁金成：《有限责任公司设限股权转让效力研究》，载《暨南学报（哲学社会科学版）》2012年第12期。
[3] 刘俊海：《论有限责任公司股权转让合同的效力》，载《暨南学报（哲学社会科学版）》2012年第12期。
[4] 刘康复：《论有限责任公司章程对股权转让的限制》，载《湖南社会科学》2009年第4期。
[5] 廖宏、黄文亮：《有限责任公司股权转让法律问题研究》，载《南昌大学学报（人文社会科学版）》2010年第S1期。

恶意的情况下，即在受让人明知章程有限制性规定时仍与转让人进行股权转让交易，此时的股权转让合同处于效力待定状态。受让人存在过错，就不应对他的利益再多加保护，但也不能完全否定股权转让合同的效力，因为还存在达到章程规定条件或公司追认的可能。"[1]

第五种观点，认为违反公司章程限制股权转让条款的合同是附条件合同，具体依据股权的二分属性来判断。"从人身权的角度看，由于股东资格的转让需要履行公司法或者公司章程规定的股权转让规则，因此，要先确定其他股东是否放弃优先购买权之后，才能确定股东与第三人签订的股权转让协议是否有效。此时，该股权转让合同就为附生效条件的合同。"[2]

股东与第三人签订的对外转让股权的合同为财产权转让合同，其他股东在同等条件下未明确行使优先购买权时，该合同为附解除条件的合同。[3]

笔者认为，应当采取修正意思主义，即"意思主义+公司受通知与认可程序"的股权变动模式，而非意思主义的变动模式，区分股权转让合同的效力与股权变动。这样做一方面符合合同法基本原理，合同效力的认定应依据《合同法》的规则，而股权变动的效力则应依据《公司法》

---

[1] 郑艳丽：《论有限责任公司股权转让效力与相关文件记载的关系》，载《当代法学》2009 年第 1 期。
[2] 蔡元庆：《股权二分论下的有限责任公司股权转让》，载《北方法学》2014 年第 1 期。
[3] 参见蔡元庆：《股权二分论下的有限责任公司股权转让》，载《北方法学》2014 年第 1 期。

第四章　公司章程限制股权转让的效力

或公司章程的规定来判断。"股权变动是股权转让合同履行的后果"[1]，而非与股权转让合同同时生效。"股权转让合同生效后，只是在股权转让双方之间产生了交付股权和支付股权转让款的请求权……股权变动则不仅需要股权转让双方就股权转让达成合意，还需要满足公司章程对股权转让的限制性条件，否则，股权不发生变动。"[2]毕竟，能否取得股权尚须公司配合履行股权转让合同，而在转让协议违背公司章程时，其履行必然会出现障碍。[3]

另一方面，修正意思主义股权变动模式允许公司的介入，并且体现公司章程对第三人的效力。这有利于对股权转让合同效力与股权变动效力予以控制。[4]第三人是否善意、是否符合公司章程关于股权转让的限制条件，只影响股权的取得，不影响股权转让合同的效力。[5]股东因股权获得的利益依赖于公司，故而股权转让协议得以顺利履行，有赖于公司认可该协议且第三人为善意。

总体而言，这样的做法有利于处理好《公司法》与《合同法》之间的关系。"对于解释涉及公司法上的合同问题首先需要以公司法思维，即从公司关系角度来看待并解决有关问题更为合适，只有在利用公司法理论和规定无法

---

[1] 陈彦晶：《有限责任公司股权转让限制制度研究》，法律出版社2017年版，第187页。
[2] 胡晓静：《论股东优先购买权的效力》，载《环球法律评论》2015年第4期。
[3] 参见宁金成：《有限责任公司设限股权转让效力研究》，载《暨南学报》（哲学社会科学版）2012年第12期。
[4] 参见叶金强：《有限责任公司股权转让初探》，载《河北法学》2005年第6期。
[5] 王东光：《论股权转让的双重限制及其效力》，载《公司法法律评论》2010年卷，第43页。

解释时,才考虑运用合同法的一般原理与规定。"[1]

股权转让合同本身的效力应依《合同法》与合同思维来判断,股权变动的效力应依《公司法》来判断。股权转让属于权利义务概括转让,其类推适用合同义务转移规则,需要义务主体同意才发生股权变动的效果。[2]这实际上表明"意思主义+公司受通知与认可程序"的股权变动模式符合合同权利义务概括转移理论。

实践中关于股权转让协议的生效争议很大,裁判结果也不同。同为有效的股权转让合同,因形式主义和意思主义不同而产生截然不同的法律后果。

笔者认为,必须区分股权转让合同与股权变动,合同效力依《合同法》原理进行判断,股权变动依"意思主义+公司受通知与认可程序",即合同权利义务概括转移的生效模式进行判断。这样有利于兼顾公司在股权转让中的权益和第三人的权益,并且将违反公司章程限制股权转让条款的法律后果与侵害股东优先购买权的法律后果统一起来。这一做法在司法实践中早有司法机构予以采纳。

《上海市高级人民法院关于审理涉及公司诉讼案件若干问题的处理意见(一)》规定:"股权转让合同的成立和效力应当依照《合同法》的相关规定认定。工商登记只是股权变更的公示方式,不作为股权转让合同成立和生效的要件。"该意见还规定:"有限责任公司股东向他人转让股权

---

[1] 徐强胜:《股权转让限制规定的效力》,载《环球法律评论》2015年第1期。
[2] 参见雷新勇:《有限责任公司股权转让疑难问题探析》,载《法律适用》2013年第5期。

的，根据《公司法》第35条的规定，应当征得公司半数以上其他股东同意；未经同意转让股权且合同签订后公司其他股东也不认可的，股权转让合同对公司不产生效力，转让人应当向受让人承担违约责任。受让人明知股权交易未经公司其他股东同意而仍与转让人签订股权转让合同，公司其他股东不认可的，转让人不承担违约责任。经其他股东同意签订的股权转让合同生效后，公司应当办理有关股东登记的变更手续，受让人得以股东身份向公司行使权利；公司不办理相关手续的，受让人可以公司为被告提起确权诉讼，不得向转让人主张撤销合同。"

有所差别的是，第三人的主观善意与否不影响股权变动的效力，但是第三人主观恶意作为可归责原因影响第三人基于合同的救济，即恶意第三人不能主张违约责任，而善意第三人可主张违约责任。对此，笔者不予赞同。如此处理实际上以第三人善意与否来判断股权转让合同有效与否，显然不符合《合同法》基本原理，且存在矛盾之处。

笔者认为，无论第三人善意与否，股权转让合同不受影响。只是在违约责任承担上，股权转让人因第三人恶意应当减轻责任。换言之，第三人的主观状态只影响违约责任承担的轻重。

四、小　结

限制股权转让的公司章程条款应当对公司所有内部人员产生拘束力。限制股权转让的公司章程条款在有效的程序下通过后，即使部分股东不同意，保留其意见，该条款在内部仍然有效力，只是该条款不能约束保留意见的股东。但是，保留意见的股东在转让股权时依然要受到法定的限制股权转让规则的约束。公司在股权变动中占有重要地位。

为了保障公司在股权转让中发挥作用，笔者认为，不应采用意思主义。而修正意思主义模式更有利于公司的介入，保障有限责任公司的人合性，维持股东之间的信赖关系，从而维护公司利益。公司章程中限制股权转让的条款应当记载清楚并且登记公示，以便第三人查询。并且，应当注明对公司章程限制股权转让条款持保留意见的股东，以让第三人知晓该股东转让其股权时应当受章程规定的限制条件约束还是受法律规定的限制条件的约束。在股权限制转让并不引发股权善意取得的情况下，第三人是否有查询义务以及其是否查询章程中的限制股权转让条款全凭其意思自治，法律不宜为其设定相关义务。毕竟，是否查询公司章程限制股权转让条款并不会成为其与股东之间股权转让合同的效力判断依据，也不会影响该合同的效力。有所影响的是，第三人获得股权的期望是否能够顺利实现以及转让人违约责任承担的轻重。公司章程限制股权转让条款对第三人发生效力实际上是通过限制转让股权的股东来实现的。

换言之，公司章程的对外效力实际上是通过对内效力来实现的。应当采取修正意思主义即"意思主义＋公司受通知与认可程序"的股权变动模式，而非意思主义的变动模式。股权转让属于权利义务概括转让，其类推适用合同义务转移规则，需要义务主体同意才发生股权变动的效果。

这实际上与"意思主义+公司受通知与认可程序"的股权变动模式相同。无论第三人善意与否，股权转让合同不受影响，只是在违约责任承担上，股权转让人因第三人恶意应当减轻责任。总而言之，第三人的主观状态只影响违约责任承担的轻重。

案例分析

☞ **案例一 股东会决议的程序或内容违反法律、行政法规或公司章程，股东可请求人民法院撤销**

——某煤炭运销有限公司、某小额贷款有限责任公司公司决议撤销纠纷案[1]

|基本案情|

上诉人（原审被告）：某煤炭运销有限公司（以下简称"煤炭公司"）

被上诉人（原审原告）：某小额贷款有限责任公司（以下简称"贷款公司"）

贷款公司向一审法院起诉请求：1. 依法撤销被告于2021年4月12日形成的《某煤炭运销有限公司股东会决议》；2. 认定"关于某小额贷款有限责任公司提请变更执行董事为冯某某的议案"依法通过，确认股东会已选举冯某某为被告的执行董事。

煤炭公司上诉请求：请求二审法院撤销新疆维吾尔自治区奇台县人民法院（2021）新2325民初3369号民事判决第一项，改判驳回被上诉人的诉讼请求。

一审法院查明事实：

2020年12月21日，山西省中级人民法院作出（2020）晋11执恢33号执行裁定书，被执行人贾某某所有的在煤

---

[1] 案件索引：新疆维吾尔自治区奇台县人民法院（2021）新2325民初3369号民事判决书、新疆维吾尔自治区昌吉回族自治州中级人民法院（2021）新23民终2861号民事判决书。

第四章　公司章程限制股权转让的效力

炭公司股东孙某名下的60％的股权作价4923.5230万元，交付申请执行人贷款公司抵偿债务。贷款公司到登记机构办理相关产权过户登记手续。

2021年2月7日，原告贷款公司持该裁定书向昌吉回族自治州市场监督管理局新疆准东经济技术开发区分局申请办理变更登记，登记成为被告煤炭公司股东，持股比例为60％，但被告煤炭公司章程未做变更。

2021年5月18日，冯某某受原告贷款公司委托，到被告煤炭公司办事处查阅从成立以来至今的会计账簿，2021年3月3日，原告贷款公司向被告煤炭公司执行董事提请召开2021年第一次临时股东会议，提议将公司的执行董事由贾某某变更为冯某某。被告煤炭公司执行董事贾某某于2021年3月28日向公司全体股东发出《关于召开某煤炭运销有限公司2021年第一次临时股东会议的通知》，通知载明会议时间为2021年4月12日上午9∶30，会议以记名投票方式进行表决，会议讨论表决事项为审议关于提请变更公司执行董事的议案。该通知中承认贷款公司已取得煤炭公司60％的股权。经表决：原告贷款公司持股60％投同意票；原股东贾某某、吴某某、王某某持股共计40％投反对票，会议以"未经代表2/3以上表决权的股东通过，关于贷款公司提请变更执行董事为冯某某的议案不通过"，形成案涉股东会决议。

另查明，被告煤炭公司章程第16条规定，首次股东会会议由出资最多的股东召集和主持。第19条规定，股东会会议作出修改公司章程、增加或者减少注册资本的决议，以及公司合并、分立、解散或者变更公司形式的决议，必须经代表三分之二以上表决权的股东通过，召开股东会议应于会议召开15日前通知全体股东。股东会应当对所议事项作出会议记录，出席会议的股东应当在会议记录上签名。

又查明，被告煤炭公司章程修正案第20条规定，公司设执行董事，执行董事由出资最多的股东推荐，经股东会选举产生，执行董事任期3年，可以连任。任期届满前，股东会不得无故解除其职务。

法院裁判及理由

一审法院认为，关于原告贷款公司主体问题，依据《最高人民法院关于适用〈中华人民共和国公司法〉若干问题的规定（四）》（2020年修正）第2条，《民法典》第85条、《公司法》第22条第2款请求撤销股东会或者股东大会、董事会决议的原告，应当在起诉时具有公司股东资格。

本案中，原告贷款公司通过法院强制执行程序取得被告煤炭公司60%的股权，并依法办理了工商登记，被告煤炭公司辩称原告需经公司股东大会、修改公司章程等程序才能成为被告合法的股东，仅是公司内部程序问题，不影响原告实际取得股东资格，且被告在原告贷款公司行使股东知情权时向原告提供了会计报表、公司章程等，在《关于召开某煤炭运销有限公司2021年第一次临时股东会议的通知》中表述"某小额贷款有限责任公司通过法院强制执行已取得某煤炭运销有限公司60%股权"，并召集主持了股东会，形成了股东会决议。

综上，均表明被告已认可原告的股东身份，故原告具

第四章 公司章程限制股权转让的效力

备合法的股东资格，主体适格。关于原告贷款公司主张撤销被告于 2021 年 4 月 12 日形成的《某煤炭运销有限公司股东会决议》的诉请，依据《公司法》第 22 条第 2 款规定，股东会或者股东大会、董事会的会议召集程序、表决方式违反法律、行政法规或者公司章程，或者决议内容违反公司章程的，股东可以自决议作出之日起 60 日内，请求人民法院撤销。《民法典》第 85 条规定，营利法人的权力机构、执行机构作出决议的会议召集程序、表决方式违反法律、行政法规、法人章程，或者决议内容违反法人章程的，营利法人的出资人可以请求人民法院撤销该决议。

本案中，被告煤炭公司章程第 19 条规定，股东会会议作出修改公司章程、增加或者减少注册资本的决议，以及公司合并、分立、解散或者变更公司形式的决议，必须经代表三分之二以上表决权的股东通过，与《公司法》第 43 条规定一致。原告贷款公司提请的关于变更执行董事的议案，不属于公司章程和《公司法》规定的必须经代表三分之二以上表决权的股东通过的事项，公司章程和章程修正案均未规定提请变更执行董事议案通过生效的条件，故被告煤炭公司认为执行董事变更必须经代表三分之二以上表决权的股东同意才能通过的辩解理由不成立。

另外，被告煤炭公司章程修正案第 20 条规定，公司设执行董事，执行董事由出资最多的股东推荐，依据"资本多数决"原则，原告持有公司 60% 的股权，变更执行董事决议属于一般事项，经出席会议的股东所持表决权的二分之一以上通过即可。此外，如被告煤炭公司持股 39.6%

的股东王某某不同意变更执行董事，就将永远无法更换执行董事，原告贷款公司作为大股东，权利反被小股东限制，这样既不公平合理，也容易造成公司僵局。综上，原告贷款公司请求撤销股东会决议的诉请一审法院依法予以支持。

关于原告贷款公司要求认定"关于某小额贷款有限责任公司提请变更执行董事为冯某某的议案"依法通过，确认股东会已选举冯某某为被告执行董事的诉请，一审法院认为，公司是股东自治的产物，公司管理与运营中产生的内部纠纷，原告贷款公司提请变更执行董事的议案虽未写明变更事由，但公司内部法律关系由公司自治机制调整，议案是否通过应当由股东会表决，法院应当尊重公司自治，原告该项诉请不属于法院处理范围，故对该项诉讼请求一审法院依法不予支持。

判决如下：一、撤销被告某煤炭运销有限公司于2021年4月12日形成的《某煤炭运销有限公司股东会决议》；二、驳回原告某小额贷款有限责任公司其他的诉讼请求。

宣判后，煤炭公司提出上诉。

二审法院认为，本案争议焦点为涉案股东会决议是否应当撤销。

首先，上诉人不认可被上诉人的股东身份，认为被上诉人并不能行使股东权利，故申请撤销涉案股东会决议。但确认被上诉人取得上诉人股东身份的（2020）晋11执恢33号执行裁定系山西省中级人民法院作出的已生效的裁判文书，且被上诉人依据上述裁定已在昌吉回族自治州市场监督管理局新疆准东经济技术开发区分局申请办理变更

第四章 公司章程限制股权转让的效力

登记，登记成为上诉人股东，持股60％。上诉人主张该份裁定严重违反法律，不应当作为认定案件事实的依据，但其并未提交相应的证据予以证实其主张，且结合《关于召开某煤炭运销有限公司2021年第一次临时股东会议的通知》记载的内容亦可证实上诉人已实际认可被上诉人的股东身份，才会召集主持股东会，故对上诉人的以上辩称本院不予采信。

其次，根据《公司法》及上诉人公司章程的规定，对于需要经代表三分之二表决权的股东通过的决议进行列举，涉案关于变更执行董事的议案并不属于必须经代表三分之二以上表决权的股东通过的事项，上诉人亦无法提供相应证据证实该决议属于必须经代表三分之二以上表决权的股东通过的事项，故以该决议未经过代表三分之二以上表决权的股东通过于法无据。

最后，根据《公司法》第22条第2款的规定，股东会或者股东大会、董事会的会议召集程序、表决方式违反法律、行政法规或者公司章程，或者决议内容违反公司章程的，股东可以自决议作出之日起60日，请求人民法院撤销。涉案决议是2021年4月12日作出的，被上诉人于2021年6月2日向一审法院递交立案材料，并未超过法定除斥期间，且其以股东身份申请撤销涉案决议符合法律规定，一审法院撤销上诉人于2021年4月12日形成的《某煤炭运销有限公司股东会决议》并无不当，本院予以维持。

案例评析

1. 关于股东资格问题

本案纠纷的直接原因是债务人贾某某在煤炭公司以隐名股东身份持有 60% 公司股权，名义股东是孙某。贷款公司通过法律程序执行了贾某某的 60% 股权并在工商部门依照程序进行股东登记。贷款公司成为煤炭公司的新股东。

本案判决显示，在程序和实体上都能够认定贷款公司的股东身份。贷款公司成为持有公司 60% 股权的大股东。股东发生变化，公司治理结构必然发生变化。贷款公司取得股东身份的依据是（2020）晋 11 执恢 33 号执行裁定书，贷款公司的股东身份应当给予确认。

公司章程是公司内部治理的依据，是股东共同意志的体现，公司法更关注公司外部的法律行为，公司章程不能对抗法律强制性规定。另外，贷款公司行使知情权时，煤炭公司也积极配合，提供了公司有关报表和公司章程等文件，并且在召集股东大会的通知中明确承认了贷款公司因申请执行贾某某的债务而成为公司股东的事实。

诉讼过程中，煤炭公司以没有履行公司章程的有关规定、贷款公司没有参与公司管理等理由否认贷款公司的股东身份，理由不充分。根据《最高人民法院关于适用〈中华人民共和国公司法〉若干问题的规定（四）》（2020 年修正）第 2 条的规定，依据《民法典》第 85 条、《公司法》第 22 条第 2 款请求撤销股东会或者股东大会、董事会决议的原告，应当在起诉时具有股东资格，贷款公司享有股东资格符合法律规定。

2.公司股东会变换执行董事的决议是否属于公司重大事项变更

根据《公司法》第43条以及被告煤炭公司章程第19条的规定,股东会会议作出修改公司章程、增加或者减少注册资本的决议,以及公司合并、分立、解散或者变更公司形式的决议,必须经代表三分之二以上表决权的股东通过。原告贷款公司提请的关于变更执行董事的议案,不属于公司章程和公司法规定的必须经代表三分之二以上表决权的股东通过的事项。法律尊重公司章程的规定,公司章程规定的事项,法律不予干涉。故被告煤炭公司认为执行董事变更必须经代表三分之二以上表决权的股东同意才能通过的事实、理由及法律根据不充分。

3.法院对公司内部事务是否享有管辖权

什么纠纷法院可以管,什么纠纷法院不涉足,这是一个司法介入的界限问题。公司制度是现代企业制度最先进的产物。公司的治理涉及公司内部和外部。公司设立和运行的内部法规是公司章程,外部法规是公司法及其相关法律规范。公司的人合性特征,决定了公司内部事务由公司股东多数通过公司章程、决议、表决等形式解决,对于公司的重大事项以及公司外部事务或纠纷,多由法律规范。

根据《公司法》第22条第2款的规定:"股东会或者股东大会、董事会的会议召集程序、表决方式违反法律、行政法规或者公司章程,或者决议内容违反公司章程的,股东可以自决议作出之日起六十日内,请求人民法院撤销。"股东在此期间不行使权利,期间届满,该权利消灭。为维护经济秩序、维护股东权利,根据《公司法》第22条的规定,公司法对公司内部决议进行一定程度的干预,对于在规定期间内未行使的权利,法律不再保护。本案贷款公司恰好在除斥期间之内提起撤销之诉,得到法律的干预。

第四章　公司章程限制股权转让的效力

☞ 案例二　公司与股东签订《股权回购协议》的效力认定
——广州市某信息技术有限公司诉吕某某股权转让协议纠纷案[1]

| 基本案情 |

原告：广州市某信息技术有限公司（以下简称"信息公司"）

被告：吕某某

原告诉称，被告原是原告的股东，持有原告20%的股权。2012年7月4日，原告作为甲方，被告作为乙方，经协商一致，签订了《股权回购协议》，约定：甲方以90万元及奥迪车一辆（折合价值40万元），合计130万元的价格，回购乙方持有的原告20%的股权等。上述协议签订后，原告履行约定。

2012年9月24日，被告又与案外人刘某某签订《股权转让出资合同书》，约定被告以200万元的价格将其持有原告20%的股权转让给刘某某。就该20%的股权，被告吕某某不可以"一女二嫁"卖两次，并且原告与被告之间为公司与股东的关系，公司未经法定程序以公司自有资产回购股东的股权违反了公司法的相关禁止性规定。

据此，原告请求法院判令：1.确认原告与被告于2012年7月4日签订的《股权回购协议》无效；2.本案诉讼费用由被告承担。

---

[1] 案件索引：广东省广州市越秀区人民法院（2015）穗越法民二初字第612号民事判决书。

被告辩称,不同意原告的诉讼请求,具体理由是:被告将股权转让给案外人刘某某,由刘某某的妻弟即原告的大股东、法定代表人陈某某控制的原告代付部分股权转让款,原告已向被告给付的奥迪车及相关款项实质是原告代刘某某支付的股权转让款。法律并不禁止代付款项,所以《股权回购协议》应是合法有效的代付协议。因此,依法应驳回原告的诉讼请求。

经审理查明:原告于2003年12月29日注册成立,股东组成情况为:陈某某占股69.77%、吕某某占股17.44%、蔡某占股8.14%、谢某某占股4.65%。2009年1月15日,原告股东组成情况变更登记为:陈某某占股80%、吕某某占股20%。原告于2003年12月29日至今,注册资金为1000万元,未发生变化。

2012年7月4日,原告与被告签订《股权回购协议》,约定原告愿意以90万元及奥迪车一辆合计130万元的价格,回购乙方所持有的20%的股权,原告分别于2012年7月13日前支付乙方10万元,2012年8月30日前支付乙方40万元,并且完成车辆过户,剩余的40万元在2013年5月1日前支付;被告在收到2012年7月13日前支付的10万元、2012年8月30日前支付的40万元并且完成车辆过户后,3个工作日内依法向工商行政管理机关办理变更登记手续;被告保证对其拟转让的股权拥有所有权及完全处分权,未设定抵押、质押、未被查封、不受第三人之追索,否则,乙方应承担由此引起的一切经济和法律责任;任何一方违约将承担违约责任,股权转让过程中发生的所有费

第四章　公司章程限制股权转让的效力

用由甲方承担。

2012年9月24日，被告吕某某（转让方）与案外人刘某某（受让方）签订《股东转让出资合同书》，约定：股东吕某某将其持有信息公司的20%的股权转让给刘某某，转让金200万元；2012年9月24日前，受让方须将转让金全部付给转让方；至2012年9月24日，本公司债权债务已核算清楚，无隐瞒，双方均已认可；从2012年9月24日起刘某某成为本公司的股东，股东吕某某自转让之日起，不再是公司股东，股权转让后原告所有债权债务关系（含股权转让前）均和吕某某无关。上述合同签订后，被告与案外人刘某某办理了相应的工商变更登记手续。后被告以案外人刘某某未支付股权转让款为由向本院提起诉讼，要求案外人刘某某支付股权转让款200万元。

法院裁判及理由

法院认为，原、被告因《股权回购协议》的效力产生争议，其实质属于确认合同效力纠纷。本案争议的焦点是有限责任公司能否回购股东股份。《中华人民共和国公司法》第74条规定：如果公司连续5年盈利并符合本法规定的分配利润条件但不向股东分配利润的，或者公司合并、分立、转让主要财产的，或者公司章程规定的营业期限届满或者章程规定的其他解散事由出现，股东会会议通过决议修改章程使公司存续的，对股东会该项决议投反对票的股东可以请求公司按合理的价格收购其股权，自股东会决议通过之日起60日内，股东与公司不能达成股权收购协议的，股东可以自股东会会议决议通过之日起90日内向人民法院起诉。该规定赋予异议股东在特定的情形出现时，可以要求对其所持股份的价值进行评估并由公司以公平合理的价格予以回购的权利，其制度价值主要在于保护中小股东的利益，使异议股东可以以获得合理、公平的股份补偿的方式脱离公司，而不再受到"资本多数决"形成的决议的约束。

在通常情形下，针对有限责任公司和股东协商收购股东股份，法律并未作出禁止性规定。虽《中华人民共和国公司法》第142条规定了股份有限公司不得收购本公司股份，但该规定并不适用于有限责任公司。另外，在本案原告收购被告股份前后，公司注册资本未发生变化，并未以回购股金的方式抽逃资本，不违反资本维持原则。

综上，原、被告之间自愿订立的《股权回购协议》，是双方真实意思表示，不违反法律强制性规定，亦未损害国家、集体及第三人利益，应当认定其具有法律效力。故原告要求确认原、被告签订的《股权回购协议》无效的诉讼请求，本院不予支持。判决驳回原告信息公司的诉讼请求。

案例评析

1. 股权转让协议的法律效力如何认定是本案关键

有限责任公司是由股东投资的营利性社团法人。股权具有财产属性并可转让。有限责任公司是人合性与资合性的集合，法律一方面要保护股东行使自益权，另一方面要维护共益权。因此，法律允许股东之间自由转让股权，同时对股东以外的受让股权情形设置了有别于股东之间转让的条件。股东转让股权分为对内转让和对外转让。根据《公司法》第71条的规定或者公司章程的个性化设计，对外转让股权一般有严格的限制，以防止公司的人合性遭到破坏。具体操作时涉及股权转让的"通知义务"、其他股东优先购买权的行使，以及法律规定的"同意"等。对内转让股权则没有严格限制，《公司法》允许股东之间相互自由转让股权。

公司回购股权也是公司内部股权流转的一种特殊情形，《公司法》第74条列举了异议股东要求公司回购股权的三种情形，即有下列情形之一的，对股东会该项决议投反对票的股东可以请求公司按照合理的价格收购其股权：（1）公司连续五年不向股东分配利润，而公司该五年连续盈利，并且符合本法规定的分配利润条件的；（2）公司合并、分立、转让主要财产的；（3）公司章程规定的营业期限届满或者章程规定的其他解散事由出现，股东会会议通过决议修改章程使公司存续的。

本案公司股权结构为陈某某占80%，吕某某占20%。公司回购吕某某的20%股权，合同当事人具备相应的缔约能力、意思表示真实、不违反法律和公序良俗，应当尊重契约自由原则，从维护交易安全、保障经济秩序的角度出发，对该协议的效力应当给予肯定。公司回购股权也是股东退出公司，和平解决公司人合冲突的方式之一。但有限责任公司与股份有限责任公司关于公司回购的规定有所不同。

《公司法》第142条规定了股份有限责任公司不得收购

本公司股份，但有例外。原则上限制的立法目的是，公司收购自己的股份，使公司成为自己的股东，混淆公司与股东之间的法律关系，非常容易使董事或经理影响公司决策，损害公司股东或债权人的利益；允许公司拥有自己的股份，公司就可以方便地利用其所掌握的内部消息进行股票操作、扰乱证券市场秩序，还可能使股份所代表的资本实际上处于虚置的地位，违反公司资本充实的原则。因此各国公司法一般都对公司拥有本公司股份进行限制，原则上禁止、特殊情况下允许。[1] 本案原告公司是有限责任公司，非股份有限责任公司，因此不适用《公司法》第142条的规定。

2. 对案例中提到的"一股二卖"的看法

本案原告诉称与被告于2012年7月4日签订了《股权回购协议》，而后发现2012年9月24日，被告又与案外人刘某某签订《股权转让出资合同书》，认为是"一女二嫁"，涉案股权（占比20%）出卖两次。对此，一种观点认为，股权转让合同签订并交付转让款，视为产生股权变动的效力；还有观点认为，股权转让合同使转让方与受让方的契约关系产生债的效力，能够使内部股东股权发生变化的并非签订股权转让合同（包括交付转让款），而是公司同意、遵守章程规定、变更股东名册、变更工商登记，以及实际参与公司经营管理等综合因素。

应将股权转让合同与股权变动区分开来，合同效力交

---

[1] 参见安建主编：《中华人民共和国公司法释义》，法律出版社2009年版，第202—203页。

由合同法规制，股权变动交由公司法或者公司章程规制。"一物二卖"的情形可以依据《公司法司法解释（四）》第21条处理，即股东以外的股权受让人，因股东行使优先购买权而不能实现合同目的的，可以依法请求转让股东承担相应民事责任。

结　论

　　《公司法》第 71 条允许公司章程在法定限制条件上进一步对股权转让进行限制。这更有利于保障限制股权转让中的公司人合性，保护股东信赖利益、维护公司内部治理结构稳定，有益于公司的稳定经营。

　　就股权限制转让，章程约定优先于法律规定，这意味着即使法律规定本身是效力性强制性规定，章程约定仍可排除该强制性规定优先适用。公司章程限制股权转让要求《公司法》对公司章程不得排除的事项应以法律条文明确规定。公司章程限制股权转让条款效力如何，应当从合法性与合理性两方面来判断。合法性主要观察是否违反《公司法》第 71 条以外的强制性规定。合理性则需要结合是否体现股东个人意愿，是否符合股权平等原则，是否在不能转让情况下还有其他退出渠道，是否不损害股东核心权益，以及公司和其他股东特别是大股东是否因股权转让获得了不当得利来综合考量。

　　股权限制转让属于对股东权利的限制。权利的限制应当由当事人自愿接受，而不能通过非法剥夺来达到此效果。股权转让应当在遵循公司自治规范的同时还应兼顾股东的

结 论

意思自治。应当对《公司法》第 71 条第 4 款中的章程作限缩解释，限于初始章程，而不包括修改后的修改后的章程。限制股权转让除应当符合公司自治法理，适用多数决方式外，还应当尊重股东的意思自治。股权转让的程序性规定实际上与股权处分权中的转让权有着千丝万缕的关系，对于前者与后者的限制应当遵循同样的法理，即在遵循公司自治规范的同时还应兼顾股东的意思自治。

公司章程同时具有契约性与自治性二元性质。无论是契约性质的章程还是自治法性质的章程，都是为公司自主治理服务。有所差别的是，契约说注重每个股东的自由意志，而自治法说并非要求必须符合每个股东的自由意志。因此，在讨论公司章程性质的时候应当对公司章程是否真正地尊重每个股东的个人意志进行类型化具体分析。

公司章程中初始章程采用股东一致同意方式，修改章程有的是采用多数决方式，有的是采用股东一致同意方式，在是否完全尊重股东个人意志上存在差异。限制股权转让实际上是为了公司利益限制个人利益，是对股东自由意志的限制，公司章程在这方面应当符合程序上的正当性。将股权仅仅认定为一种财产权利，而忽视其人身属性，不将其认定为与财产权具有同等地位这种观点实际上未能正面看待股权应当包括的全部权利内容。股权是独立的权利，兼具财产属性和人身属性。股权中的人身属性在有限责任公司中表现得更为突出，其涉及股东与其他股东、股东与公司之间的信赖关系和利益关系。比较合理的做法是在附加同意限制的同时，提供股权流通渠道。

《公司法》第 71 条规定不同意的股东应当购买该转让的股权，实际上就提供了比较好的示范。股东优先购买权的主要效力在于依据股东的意思表示成立股权转让合同。从维护有限责任公司的人合性即股东之间的原有信赖关系考虑，股东优先购买权应当具有形成股权转让合同的效力。股东应当在"同等条件"下才能实际享有优先购买权。股东优先购买权虽然是形成权，但其只因股东的意思使股东之间的股权转让合同成立并生效，使股东之间的股权转让关系成立，并不使股东与第三人之间的股权转让合同无效，使两者之间的买卖合同关系消灭。

股权变动与股权转让合同的效力有所区分，合同的效力依合同法一般原理进行判断，至于是否发生股权变动的效果，应当结合公司章程具体规定以及《公司法》第 71 条第 2、第 3 款的示范性规范进行判断，如果侵害股东优先购买权，或未遵守《公司法》和相关司法解释的规定，那么股权不发生变动。

公司章程限制股权转让的条款应当对公司所有内部成员产生拘束力。限制股权转让的公司章程条款在有效的程序下通过后，即使部分股东不同意，保留其意见，该条款在内部仍然有效力，只是该条款不能约束保留意见的股东。但是，保留意见的股东在转让股权时依然要受到法定的限制股权转让规则的约束。公司在股权变动中占有重要地位，是为了维护股东利益、保护公司。既然公司在股权变动中作用重大，就不宜采用股权变动意思主义。而修正意思主义模式（意思主义＋公司受通知与认可程序）更有利于公司的介入,保障有限责任公司的人合性,维持股东之间的信赖关系,从而维护公司利益。

公司章程中限制股权转让的条款应当记载清楚并且登记公示,以便第三人查询。并且,应当注明对公司章程限制股权转让条款持保留意见的股东,以让第三人知晓该股东转让其股权时应当受章程规定的限制条件约束还是受法律规定的限制条件的约束。

在股权限制转让并不引发股权善意取得的情况下,第三人是否有查询义务以及其是否查询章程中的限制股权转让条款全凭其意思自治,法律不宜为其设定相关义务。毕竟,是否查询公司章程限制股权转让条款并不会成为其与股东之间股权转让合同的效力判断依据,也不会影响该合同的效力。有所影响的是,第三人获得股权的期望是否能够顺利实现以及转让人违约责任承担的轻重。公司章程限制股权转让条款对第三人发生效力实际上是通过限制转让股权的股东来实现的。

换言之,公司章程的对外效力实际上是通过对内效力来实现的。应当采取修正意思主义即"意思主义+公司受通知与认可程序"的股权变动模式,而非意思主义的变动模式,其类推适用合同义务转移规则,需要义务主体同意才发生股权变动的效果。这实际上与"意思主义+公司受通知与认可程序"的股权变动模式相同。无论第三人善意与否,股权转让合同不受影响。只是在违约责任承担上,股权转让人因第三人恶意应当减轻责任。总之,第三人的主观状态只影响违约责任承担的轻重。《公司法司法解释（四）》的实施，使公司章程限制股权转让的内部、外部效力更加明确，公司章程限制股权转让的合理性边界更加清晰。

综上所述，中国《公司法》的发展道路与西方不同，尤其在中国经济建设转型期，法治建设不断完善，[1]公司章程限制股权转让的相关法律制度将会更加科学、完备。

---

[1] 参见陈雪堂、韩丽梅:《公司法人格制度的法律分析与商业信用》，载《黑龙江社会科学》2005年第6期。

参考文献

（一）著作类

1. 舒国滢：《法理学导论》，北京大学出版社2006年版。
2. 郑玉波：《公司法》，台湾三民书局1980年版。
3. 王保树、崔勤之：《中国公司法原理》，社会科学文献出版社2000年版。
4. 张文龙：《股份有限责任公司法实务研究》，台湾汉林出版社1997年版。
5. 陈彦晶：《有限责任公司股权转让限制制度研究》，法律出版社2017年版。
6. 江平主编：《新编公司法教程》（第二版），法律出版社2003年版。
7. 江平主编：《中国公司法原理与实务》，科学普及出版社1994年版。
8. 周友苏：《新公司法论》，法律出版社2006年版。
9. 唐德华、高圣平主编：《公司法及配套规定新释新解》（上），人民法院出版社2005年版。
10. 龙卫球：《民法总论》（第二版），中国法制出版社2002年版。

11. 陈醇：《商行为程序研究》，中国法制出版社 2006 年版。

12. 叶林：《公司法研究》，中国人民大学出版社 2008 年版。

13. 董慧凝：《公司章程自由及其法律限制》，法律出版社 2007 年版。

14. 胡国威：《美国公司法》，法律出版社 1999 年版。

15. 赵旭东：《公司法学》，高等教育出版社 2015 年版。

16. 施天涛：《公司法论》，法律出版社 2014 年版。

17. 金鼎：《公司章程之效力与界限》，元照出版有限责任公司 2014 年版。

18. 钱玉林：《公司法实施问题研究》，法律出版社 2014 年版。

19. 刘俊海：《公司法学》，北京大学出版社 2013 年版。

20. 范健主编：《商法》（第四版），高等教育出版社 2013 年版。

21. 刘俊海：《现代公司法》（上册），法律出版社 2015 年版。

22. 焦祖涵：《土地法释论》，台湾三民书局 1973 年版。

23. 易军、宁红丽：《合同法分则制度研究》，人民法院出版社 2003 年版。

24. 刘俊海：《现代公司法》，法律出版社 2008 年版。

25. 李建伟：《公司法学》，中国人民大学出版社 2008 年版。

26. 王书江、殷建平译：《日本商法典》，中国法制出版社 2000 年版。

27. 范健、王建文：《公司法》，法律出版社 2015 年版。

28. 邓峰：《普通公司法》，中国人民大学出版社 2009 年版。

29. 虞政平：《股东有限责任：现代公司法律之基石》，法律出版社 2001 年版。

30. 朱慈蕴：《公司法人格否认法理研究》，法律出版社 1998 年版。

31. 梁上上：《论股东表决权》，法律出版社 2005 年版。

32. 冯果：《现代公司资本制度比较研究》，法律出版社 2000 年版。

33. 张开平：《英美公司董事法律制度研究》，法律出版社 1998 年版。

34. 郭峰、王坚主编：《公司法修改纵横谈》，法律出版社 2000 年版。

35. 毛亚敏：《公司法比较研究》，中国法制出版社 2001 年版。

36. [英]G. M. 霍奇逊：《现代制度主义经济学宣言》，向以斌等译校，北京大学出版社 1993 年版。

37. [韩]李松哲：《韩国公司法》，吴日焕译，中国政法大学出版社 2000 年版。

38. [日]末永敏和：《现代日本公司法》，金洪玉译，人民法院出版社 2000 年版。

39. [美]丹尼斯·C. 缪勒：《公共选择理论》，杨春学等译，中国社会科学出版社 1999 年版。

40. [德]迪特尔·梅迪库斯:《德国民法总论》,绍建东译,法律出版社 2000 年版。

41. [美]罗伯特·W.汉密尔顿:《公司法概要》,李存捧译,中国社会科学出版社 1998 年版。

42. [美]罗伯特·考特、托马斯·尤伦:《法和经济学》,张军等译,上海三联书店、上海人民出版社 1994 年版。

43. [德]托马斯·莱赛尔、吕迪格·法伊尔:《德国资合公司法》,高旭军等译,法律出版社 2005 年版。

44. 朱景文主编:《法理学》,中国人民大学出版社 2012 年版。

45. 邹瑜:《法学大词典》,中国政法大学出版社 1991 年版。

46. 易军、宁红丽:《合同法分则制度研究》,人民法院出版社 2003 年版。

(二)论文类

1. 叶林:《公司在股权转让中的法律地位》,载《当代法学》2013 年第 2 期。

2. 刘康复:《论有限责任公司章程对股权转让的限制》,载《湖南社会科学》2009 年第 4 期。

3. 侯东德:《封闭公司股权转让限制的契约解释》,载《西南民族大学学报》(人文社科版)2009 年第 8 期。

4. 吕铖刚、陶镜玄:《公司章程契约说初探》,载《法制与社会》2013 年第 19 期。

5. 奚庆、王艳丽:《论公司章程对有限责任公司股权转让限制性规定的效力》，载《南京社会科学》2009年第12期。

6. 孔修寅、王东辉：《未经股东本人同意，股权转让不能成立》，载《人民法院报》2007年2月17日。

7. 宁金成：《有限责任公司设限股权转让效力研究》，载《暨南学报》（哲学社会科学版）2012年第12期。

8. 赵莉：《公司章程限制股权转让的合理性审查》，载《法学杂志》2012年第9期。

9. 罗培新：《抑制股权转让代理成本的法律构造》，载《中国社会科学》2013年第7期。

10. 钱玉林：《公司章程对股权转让限制的效力》，载《法学》2012年第10期。

11. 廖宏、黄文亮：《有限责任公司股权转让法律问题研究》，载《南昌大学学报》（人文社会科学版）2010年第S1期。

12. 宋智慧：《股东平等原则与资本多数决的矫治》，载《河北法学》2011年第6期。

13. 吴飞飞：《"公司章程另有规定"条款的理论争点与司法解说——以公司合同理论与股东平等原则为认知路径》，载《甘肃政法学院学报》2014年第1期。

14. 陈醇：《论单方法律行为、合同和决议之间的区别》，载《环球法律评论》2010年第1期。

15. 刘俊海：《论有限责任公司股权转让合同的效力》，载《暨南学报》（哲学社会科学版）2012年第12期。

16. 蒋浩：《从有限责任公司的资合性和人合性的平衡

看股权转让的效力》,载《西南民族大学学报》(人文社科版)2008年第8期。

17. 钱玉林:《公司章程对股权转让限制的效力》,载《法学》2012年第10期。

18. 段威:《有限责任公司股权转让时"其他股东同意权"制度研究》,载《法律科学》2013年第3期。

19. 王建文:《有限责任公司股权转让限制的自治边界及司法适用》,载《社会科学家》2014年第1期。

20. 黄晓林、张晓冬:《股东优先购买权章程自治适用问题探析》,载《中国海洋大学学报》(社会科学版)2015年第5期。

21. 郑彧:《股东优先购买权"穿透效力"的适用与限制》,载《中国法学》2015年第5期。

22. 徐强胜:《股权转让限制规定的效力》,载《环球法律评论》2015年第1期。

23. 王利明:《论股份制企业所有权的二重结构》,载《中国法学》1989年第1期。

24. 郭峰:《股份制企业所有权问题的探讨》,载《中国法学》1988年第3期。

25. 周游:《股权利益分离机制下隐名出资问题之再阐释》,载《北方法学》2015年第1期。

26. 蔡元庆:《股权二分论下的有限责任公司股权转让》,载《北方法学》2014年第1期。

27. 王艳丽:《对有限责任公司转让股权制度的再认

识》，载《法学》2006年第10期。

28. 胡晓静：《论股东优先购买权的效力》，载《环球法律评论》2015年第4期。

29. 马新彦、张晓阳：《优先购买权的法律性质——兼论优先购买权在未来民法典中的定位》，载《辽阳公安司法管理干部学院学报》2004年第3期。

30. 刘俊海：《论有限责任公司股权转让合同的效力》，载《暨南学报》（哲学社会科学版）2012年第12期。

31. 曹兴权：《股东优先购买权对股权转让合同效力的影响》，载《国家检察官学院学报》2012年第5期。

32. 赵艳秋、王乃晶：《特殊情况下有限责任公司股权转让合同效力的认定》，载《学术交流》2010年第4期。

33. 叶金强：《有限责任公司股权转让初探》，载《河北法学》2005年第6期。

34. 赵旭东：《股权转让与实际交付》，载《人民法院报》2002年1月25日，第3版。

35. 崔勤之：《股份有限责任公司设立失败的法律后果》，载《法学杂志》1999年第3期。

36. 王保树：《公司法的全面改革不能着眼于堵漏洞、补窟窿》，载《环球法律评论》2014年第1期。

37. 李建伟：《有限责任公司股权变动模式研究》，载《暨南学报》（哲学社会科学版）2012年第12期。

38. 郑艳丽：《论有限责任公司股权转让效力与相关文件记载的关系》，载《当代法学》2009年第1期。

39. 王东光：《论股权转让的双重限制及其效力》，载《公司法法律评论》2010年卷。

40. 雷新勇：《有限责任公司股权转让疑难问题探析》，载《法律适用》2013年第5期。

41. 江平、孔祥俊：《论股权》，载《中国法学》1994年第1期。

42. 陈雪堂、李文博：《承租人优先购买权法律性质之探讨》，载《黑龙江省政法干部管理学院学报》2006年第6期。

43. 陈雪堂：《由萨班斯法案引出的我国企业内控法律风险防范》，载《黑龙江省政法干部管理学院学报》2014年第1期。

44. 陈雪堂、黄信瑜：《公众参与环境保护立法论》，载《黑龙江省政法干部管理学院学报》2010年第6期。

45. 陈雪堂：《人民信访问题成因及解决对策初探》，载《理论探讨》2009年第6期。

46. 陈雪堂、韩立梅：《我国执行异议制度的现状及法律完善》，载《学术交流》2006年第10期。

47. 陈雪堂、韩立梅：《公司法人格制度的法律分析与商业信用》，载《黑龙江社会科学》2005年第6期。

48. 陈雪堂、韩立梅：《浅议我国反倾销案件的特点和对策》，载《黑龙江省政法干部管理学院学报》2003年第6期。

49. 黄伟、程俊杰：《试论公司章程的性质》，载《知识经济》2011年第23期。

致　谢

在写作结束搁笔之际，心中感慨颇多。人生有涯，而知无涯，艰难的写作已结束，深感自身民商法理论知识之匮乏，今后仍须继续努力钻研、探索。

感谢给予我指导的高圣平导师！能由高老师做导师是我的幸运，他在百忙之中对论文的选题、内容结构、论文思路以及审阅上付出的心血、提出的宝贵意见，使我受益颇多。再次表示万分谢意！

感谢中国人民大学民商法专业孟强老师，孟老师的支持和鼓励给予了我继续学习、不畏困难的勇气；感谢高仰光老师，他治学严谨、为人随和，在百忙之中通过邮件回复我请教的问题，让我感动。

感谢在校期间制订学习计划的赵永平老师、潘涛老师。每次上课之前是他们对教学设备进行测试，安排我们顺利上课，及时告知我们学习计划，对他们的细心、耐心表示感谢！

感谢中国人民大学为在职人员提供宝贵的学习机会，安排良好的学习环境，法学院的老师学识渊博、治学严谨、他们的教风与人品给我留下深刻印象。各位任课老师都是站在民商法学前沿的专家、学者，所授知识让我受益匪浅，在此一并表示衷心感谢！

感谢我的家人、同事和朋友对我学习上的鼓励和帮助，你们的支持是我不断前行的动力。

今后我将继续研究公司法的相关问题，争取更上一层楼。